07

时论中国

COMMENTS ON CHINA

为中国留下深度思想印记

A Deep Ideological Impressionand Memory for China

中国工人出版社
China Worker Publishing House

用思想记录中国

时论中国
Comments on China

谨以此书献给我们的大时代

A deep ideological impression and memory for China

发现中国

读懂中国

记录中国

时论中国

Comments on China

序

为中国留下深度思想印记

艾　丰

摆在各位面前的，是一本名为《时论中国》的书。

这是一套丛书中的一本。

也就是说，这样的书，我们将持续不断地出版下去。

为什么要编辑出版这套名为《时论中国》的理论丛书呢？

我们的初衷有三。

其一，观察。

当今中国，是一个充满生机、活力、机遇，同时也难免产生陈腐、僵化、陷阱的发展中国家。观察和认识这个社会，适应和改造这个社会，是摆在每个公民面前无可回避的一道人生选择题。这套丛书所选取的话题和评论对象，是每个公民经常关心的、随时发生在我们身边的林林总总的新鲜事物。定期出版《时论中国》丛书，就是要为广大读者提供一扇观察当今中国的窗口——在这里，发现中国。

其二，剖析。

观察和分析事物，有若干视角，亦有不同态度。对于形形色色的各种现象和事物，我们到底应该怎么看？这些现象的本质是什么？它们为什么会发生？今后走势如何？我们应该如何应对？诸多问题，总是或隐或现地在人们脑海中轻轻掠过。或许，你未曾认真想过，但有人认真想过，并且潜心研究过，他们以专家学者的学识与素养，梳理来龙去脉，剖析背景原因，指点趋势走向，提供应对策略。定期出版《时论中国》丛书，就是要为广大读者提供一种解剖事物、辨析事理的方法——在这里，读懂中国。

其三，记录。

在时间的纵坐标和空间的横坐标上，新中国已经昂首走过虽然曲曲折折但亦不乏辉煌的六十余年。我们每一个公民，也与共和国一道，走过自己或长或短的难忘岁月。时光如梭，岁月留痕。国家为我们留下了什么？我们为子孙留下了什么？这些，都需要用各种方式记录下来，留在记忆中，留给下一代。定期出版《时论中国》丛书，就是要为广大读者留下这样一份与此时中国共同成长和思考的文字印记——在这里，记录中国。

既如此，担负如此不凡使命的这套丛书，以及策划编辑这套丛书的艾丰经济发展研究院，从制定选题、筛选作者、沟通意图、编辑出版的各个环节，都精心组织，精心设计，精心编辑，以不负我们这个不凡的时代和同样不凡的广大读者。

我们选材的标准是，新鲜，独到，深刻。

为此，我们就稿件取舍定下了“三最”标准：由当今中国思想界最活跃的一批专家学者，评析当今中国最新发生的各种事物，为当今中国留下最独特的思想印记。

我们编辑的目标是，清新，朴实，简洁。

为此，我们在每一本书的每一个专题中，分别辑录了主题、延伸、名家观点三个板块，以长短相间、相辅相成的形式，尽可能地为读者奉献既有深度又有广度，既有长论又有短评的鲜活的时代思想记录。

本套丛书的文章，来源于我们所能看到的所有公开出版物，包括各种报纸、杂志，网络发布的各种博客、微博，以及作者在论坛、会议中公开发表过的各种讲话。这是一个大海捞针、不断发现和不断筛选的过程，也是一个梳理时代脉络、萃取思想精华的过程。无疑，这更是一个繁复而又需要恒心、耐心和责任心的工作。作为主编之一，我向负责具体筛选和编辑工作的各位同仁，表示深深的敬意和衷心的感谢。

《时论中国》——观察中国，剖析中国，记录中国。

与中国一起成长——这，就是我们的定位，也是我们的使命。

我们将竭尽全力。

是为序。

执行主编手记
互联网不能颠覆什么

詹国枢

《时论中国》最近几辑，绕去绕来，总离不开互联网这个话题。

可不，互联网这玩意儿，在当今中国实在是太活跃、太红火，与我们的联系太紧密了！一本“为中国留下深度思想印记”的图书，岂能不说互联网？

那么俺也来凑个热闹吧。我想问问：“互联网不能颠覆什么？”

在“互联网颠覆一切”的滚滚声浪中，如此发问，似乎有些不合时宜，我倒以为，时下这浮躁得人人浑身发烫的年代，冷静琢磨琢磨互联网究竟有何局限，恐怕还真有些必要。

我以为，以下四样东西，互联网是不能颠覆的。

其一，互联网不能颠覆“实物生产”。

甭管您把互联网说得多么玄妙、多么厉害、多么划时代，但说到底，它不过是网上运行的一片“虚拟云彩”而已。没错，人们可以从淘宝网买到成千上万种漂亮衣服，但是，淘宝网本身，并不能生产哪怕一件普通牛仔。人们虽然可以通过网络叫来快餐店的炸薯条和烤鸡腿，但网络本身，并不能炸出哪怕一根薯条、半只鸡腿。人们虽然可以从网上收看精彩纷呈的种种电影、电视剧，但这些“网络”本身，并不能直接生产任何一部电影、电视剧。

其二，互联网不能颠覆“规模经济”。

互联网虽然可以通过网络自动化而大大提高劳动生产率，但是，产品生产的必要环节是一个也不能少的。因此，大规模工业生产时，单个产品所消耗的成本必然小于少量生产时消耗的成本，这一规律也是不可能改变的。煮一锅饺子永远比煮一个饺子“划算”，这道理谁都明白。大规模机械化生产仍然是现代工业生产的基本形态，规模经济的基本原理必然主宰实物生产领域，这一点不会改变。

其三，互联网不能颠覆“品质第一”。

互联网虽然可以在很多领域代替人工从而大大节约劳动成本，但是，最终产品的质量到底如何，仍然是企业竞争的基本要义所在。无论是在网上购买物品还是到商场购买商品，品质，应该也必须是第一位的。无论是网络阅读还是纸媒体阅读，满足读者需求的优质内容，仍然起决定性作用。从这个角度说，内容，任何情况下都得为王。

其四，互联网不能颠覆“基本需求”。

互联网确实大大方便了现代社会人与人的沟通，从而大大改变了我们的生活形态。但是，作为人类，吃、穿、住、用、行等基本物质需求是不会改变的，娱乐、阅读、交往等基本精神需求也是不会改变的。正因此，吃穿用住行等物质生产企业是不会被颠覆的，电影、电视、歌舞剧、音乐等制作生产部门也是不会被颠覆的。纸质印刷物因其方便随时翻阅而成为人们家居休闲打发时间的工具，这一基本需求也是不会改变的，正因此，纸质印刷物终究还是会因满足人们的某种精神需求而继续存在，无非数量减少，内容改变而已。

说了一通互联网不能颠覆什么，到底有何现实意义？我以为，它至少可以让我们明白，即使进入信息时代，并非一切都得推倒重来，一切都会被颠覆。

既然互联网不能颠覆实物生产，那么，一切从事实物生产的企业，就不必过分担心自己会哪一天就要完蛋，不但不必担心，反而应该千方百计将实物生产搞得更好。

同样道理，作为媒体从业者的记者、编辑以及电视、电影工作者，既然是内容和实物的生产者，当然也就没有必要担心自己会不会被淘汰，你需要做的仅仅是，想方设法提高自己的素质和本领，让自己在任何条件下都能把所做的内容做得更好、更优。能干肯干的媒体人，哪里都需要，永远受欢迎。至于具体传播渠道，当然会不断改变，你只需择善而从即可。

就本质而言，互联网不过是人类发展到一定阶段出现的一种强大新颖的“信息传递”工具而已。它确实成千上万倍地加快了信息沟通速度，也成千上万倍地扩大了信息沟通范围，因而也确实大大改变甚至颠覆了我们过往的某些生活形态。但说到底，它能够也只能在“信息传递”领域大显神通，离开此领域，它就无能为力，鞭长莫及了。

明白以上道理，我们就能理解，为什么越是与“信息传递”联系密切的行业，受互联网的冲击越大（如各种传统媒体，其自身就是传递信息工具）。而凡是与信息传递有关的行业，也都或多或少会受到冲击（如商业服务业，买家与卖家，服务与需求，双方都需要信息及时传递）。至于其他实物生产企业，面对互联网冲击，需要做的，只是两点：

第一，对外，充分利用互联网传递信息，加快推销产品。

第二，对内，充分利用互联网传递信息，加强内部沟通。

有此二条，足矣。我以为。

·目　录·

当民主逻辑遭遇资本逻辑

Economy | 经济

主题主编 | 杨兆敏

股市震荡，政府咋办

“互联网+”：第三次工业革命

大众创业：能否成为新发动机？

城市专车：放还是禁

股市震荡，政府咋办

01

KEEPING THE
MINUTES OF CHINA
WITH THOUGHTS

主题文章

刘胜军　救市，不能为民族主义、民粹主义所绑架

华　生　谨防“疯牛”失蹄和踩踏悲剧

延伸阅读

邓海清　陈　曦　A股不弃病根，动荡仍旧难免

陈志武　“慢牛”是培养不出来的

名家观点

李剑阁　许小年　水　皮

主题文章 | Key Articles

救市，不能为民族主义、民粹主义所绑架

刘胜军

核心提示

“人造牛市”有何不妥？因为它既难以达到刺激消费、拉动经济、去杠杆的政策目的，又会制造新的风险，甚至威胁社会稳定。在本轮牛市中，官方持续地为牛市进行信用背书，政府被自己套牢了，这构成了接下来救市的大背景。本次股灾，政府救市时机显得很仓促，出手之后的手法又显得任性。而政府重手救市，是否真的帮助了散户？其实未必。

尽管中国股市只有25年历史，但已经经历了1997年、2001年、2008年三次显著的股市泡沫。历史不会简单重复，但总是惊人地相似。中国目前正在经历的泡沫，既有所有泡沫的共性，也有其独特性。每次股灾都是反思的宝贵教材。

“人造牛市”

2015年以来，中国A股股价出现惊人的暴涨：到2015年6月中旬，上证综指已较2014年7月上涨了152%，较年初上涨了59.7%，中小企业板、创业板较年初更是上涨了138%和165%。

推动股价上涨有三重因素：第一，对于宽松货币政策的合理预期。所谓“水牛”，市场普遍认为中国步入新一轮降息降准周期，这将推高股价。第二，投资者的动物精神。仅仅是流动性还不足以激发投资者的热情，投行人士

刘胜军
中欧陆家嘴国际金融研究院执行副院长

这时找到了两个概念："改革牛" 和 "互联网+"。中共十八届三中全会以前所未有的力度再启改革，未来改革红利令人期待；政府推出的 "互联网+" 则在巧妙的时机引爆了创业板。除此之外，还有一系列概念持续为投资者增加信心：一带一路、亚投行、人民币国际化、自贸区，等等。第三，暧昧的政府信用背书。2015 年两会期间，证监会主席肖钢公开评论股市称，"本轮上涨行情是合理的和必然的"，"本轮牛市是改革牛"。央行行长周小川也一反常态地说："资金进股市，也是支持实体经济。"《人民日报》文章提出的 "4000 点才是 A 股牛市的开端"，以及新华社七论股市，则不断强化政府信用背书，彻底瓦解了投资者本应紧绷的风险意识。

之所以说是 "人造牛市"，是因为此轮牛市出现了太多 "动物精神" 之外的人为因素的推动。官员乐观表态、官方媒体积极助阵、网络媒体标题党化的解读、一些专家和投行人士的任性发挥，都让股民越来越坚信这样的判断：这轮牛市首先是政府所需要的，也理所当然地得到了政府的大力支持，甚至投资股市不仅可以赚钱而且是支持国家的爱国行为。就这样，股市在被 "改革牛" "国家牛" 的概念捆绑之下，越走越远。

证监会的缺位与越位，也成为 "人造牛市" 的助产士。由于证监会始终不肯放弃对新股发行节奏的调控，IPO 供给无法满足市场需求，这助长了投机气氛。随着泡沫的演进，各类财务造假、信息误导、内幕交易、股价操纵层出不穷，进一步冲昏了散户的头脑，但证监会的执法显得既迟缓又缺乏力度。直到股灾开始后的 7 月 3 日，证监会才通报：一名湖北股民通过发布暴风科技虚假消息套利 8400 元，被证监会通告并移交公安机关查处。

证监会的另一失误在于，未能及早对 "两融" 和场外配资进行逆周期的调控。截至 7 月 7 日，证券公司场内两融余额为 1.6 万亿元，较 6 月中旬 2.27 万亿元的高点已有所回落，但较年初水平仍增长 57%。场外配资余额约为 1 万亿元到 1.5 万亿元。

"人造牛市" 有何不妥？因为它既难以达到刺激消费、拉动经济、去杠杆的政策目的，又会制造新的风险，甚至威胁社会稳定。处理不好，就会导致 "偷鸡不成，反蚀一把米" 的尴尬。

首先，股市有其自身的运行规律，而这是行政难以驾驭的。官方媒体可以营造 "慢牛" 的概念，但这种想法是天真的。只要多数人形成一致预期，"慢牛" 必然会变成 "快牛" 和 "疯牛"。"疯牛" 意味着暴涨暴跌。在这样的起伏中，股市难以给消费和经济带来刺激效果。

其次，由于行情来去匆匆，也难以真正起到“去杠杆”、救经济的作用。2014 年股票融资占新增社会融资规模的比重仅为 2.6%，2015 年 1 月至 5 月也只升至 4.2%。股市暴跌之后，证监会又被迫再度暂停新股发行。其实，如果真要利用股市“去杠杆”的话，只要放开新股发行节奏管制就行了。市盈率高，愿意上市的公司自然会多；市盈率低，愿意上市的公司自然会少。市场供求会自发调节。

最后，一旦行情逆转，市场风险就会转化为政治风险。在本轮牛市中，官方人士持续地为牛市进行信用背书，等到泡沫破裂时，要想在政府与市场之间进行切割，已经不太可能，这构成了接下来救市的大背景。

救　市

在 2015 年 6 月底股市暴跌之后，救市之声不绝于耳。由于既可以信心喊话，又可以动用财务资源救市，实在不行可以修改规则，所以从理论上总是可以“成功救市”的。可是，问题在于，要救市我们必须就为什么救和怎么救进行认真思考。

力主救市者有两种可能：一是股市的既得利益者，每个尚未及时退出的投资者都毫不例外地盼望救市，以便减少自己的损失或保住已有的收益，但政府显然不应被这样的利益所绑架；二是被暴跌吓坏了，担心出现系统性风险。

从目前情况看，有关方面决定出手救市，或许两者兼而有之。一方面，由于前期的信用背书，股民不可避免会对“不救市”产生怨恨情绪，而股民数量之多足以产生强大的民粹主义力量。另一方面，对于股市引发金融危机的可能性也没有十足把握。一些别有用心的人士又抛出“境外敌对势力”的阴谋论，更令决策者容易被民族主义力量所挟持。

对此轮股市暴跌，有关方面似乎有些反应过度，而一贯的“风险厌恶”和维稳压力则是驱动因素。

第一，有暴涨就有暴跌。从来没有哪个股价泡沫破灭时是“有序下跌”的。由于人固有的恐慌心理，行情一旦逆转，必然会出现踩踏式的暴跌，必须认识到这是股市调整的“常态”。融资融券固然加大了暴跌的力度，但如果我们不能忍受这一风险，当初就不该引入这一机制。杠杆机制引发的暴涨与暴跌，只是同一枚硬币的正反面而已。当然，证监会本来可以在行情大涨时对杠杆进行逆周期的调节，但没有这么做，等意识到需要关注杠杆风险时已经太晚了。

第二，不应救泡沫。尽管跌势凶猛，但下跌幅度依然在合理的范围之内。股市前期大涨 1－2 倍，现在为什么就不能“大跌”30%？到 6 月中旬，A 股估值已经严重偏高——A 股平均市盈率 32 倍，不含银行则高达 57 倍，中小企业板 85 倍、创业板 150 倍。因此，下跌本身是市场运行规律的内在需求，并不是“市场失灵”。即使大跌后，上证、深证和创业板过去一年的涨幅仍然高达 81%、73% 和 66%。1997 年香港特区政府成立“盈富基金”救市时，恒生指数市盈率只有 8 倍多。即使暴跌后，中国创业板平均市盈率依然高达 90 倍。2009 年美国救市的时候，很多股票 PB（市净率）跌到 1 倍以下，而中国现在的平均 PB 在 3 倍左右。换言之，即便应该救市，出手也显得过早。这样一来，救起的是泡沫，也加大了救市的难度。

第三，只有发生金融危机时才应该救市。对于救市必须极其慎重，因为这会破坏市场本身的规律，而且会引发投资者的道德风险，而投资者承担风险本应是股市运行机制的固有内涵。不少救市论者援引 1997 年香港股灾、1987 年美国股灾和 1929 年大危机的案例，鼓动政府救市。其实，当前的中国股市与上述危机可比性不大。香港当年救市，是因为周边国家接连发生金融危机、港币岌岌可危、银行拆借利率飙升、股市暴跌，已经出现了金融危机，不得不救。中国目前银行体系稳定，利率并未大幅上涨，市场估算的银行对股市的直接敞口也仅为 2 万亿元左右，远低于其 180 万亿元的总资产。因此，当前的中国泡沫，更类似于 2000 年的纳斯达克泡沫。彼时纳斯达克从接近 5000 点的高位一路下跌至 1000 多点，跌幅超过 2/3，但美国并未救市，也未引发灾难性后果，因为它只不过是泡沫回归理性而已。

此次救市从深度和广度上都前所未有，争议也一直伴随。

第一，一些救市手段可能侵犯了市场参与主体的合法权利。在监管部门压力下，21 家证券公司宣布将出资不低于 1200 亿元购买蓝筹股托市。问题是出手时的点位并非抄底的好时机，这些资金将面临巨大的市场风险。券商此举并未经股东大会同意，股东的合法利益可能因此而受损。券商在救市宣言中，居然还明确了 4500 点的目标价位，这在全球也是一个创举，不能不说是计划经济的深刻烙印。

第二，一些救市手段显得不够严肃。证监会不仅暂缓了 28 只新股发行，而且强令这些公司将已经冻结的资金退回。这相当于宣布已经达成的交易无效。这样的做法，大大损害了市场交易的严肃性。

第三，为救市而随意修改法规，既存在程序瑕疵，也损害了法律的权威。例如，证监会宣布："上市公司控股股东、持股5%以上股东及董监高，在6个月内减持过本公司股票的，通过证券公司、基金管理公司定向资产管理等方式购买本公司股票，不属于《证券法》第四十七条规定的禁止情形。"这意味着，一些可能的内幕交易就在救灾任务面前被合法化了。

第四，任性修改规则，损害市场规则的可预期性。证监会7月8日发布公告："从即日起6个月内，上市公司控股股东和持股5%以上股东及董事、监事、高级管理人员不得通过二级市场减持本公司股份。"规则的随意修改，加大了在中国市场投资的不确定性。

第五，市场行为"归罪化"，令人担忧。有关方面提出要打击"恶意做空者"，这等于对市场交易的动机作出判断，是十分危险的，与"上纲上线"可谓异曲同工。其实，所有的交易都是中性的：为了赚钱，因此无所谓善意还是恶意。索罗斯1997年在东南亚大肆做空股指、货币，但从来没有被认定为违法，最多是受到道德谴责而已。

第六，为避开股市下跌，居然出现了超过半数上市公司停牌的奇观。这在全球股市亦是创举。任性停牌，一旦停牌，就等于股东的资金被冻结，可能导致很多投资者陷入流动性困境。

可见，本次股灾救市时机显得仓促，出手之后的手法又显得任性。一个有趣的问题是：重手救市是否真的帮助了散户？其实未必。本来市场有其自身规律，随着风险的积累，会有聪明的投资者及时逃离。但是有关方面不断的表态和救市举动，让不少投资者产生了错误的判断，选择了留下，错失了逃离灾难现场的机会。

未 来

此轮暴涨暴跌，代价是沉重的。即便成功救市，硝烟散尽，我们也付出了高昂的制度成本：法律的严肃性受到伤害，监管规则给人留下可以随意修改的不确定感，投资者风险自负观念倒退，政府与市场的边界重归模糊。

25年来，中国证券市场一直被诟病为"连规范的赌场还不如"，低水平重复，这已成为中国经济转型、大众创业万众创新的一大"痛点"。痛定思痛，笔者建议：

第一，要敬畏市场、尊重市场。股票市场不是工具，不应该被赋予帮助企业脱困、去杠杆、刺激消费、拉动经济的使命，它承受不起。股市只是价值发现和交易的场所而已。即便牛市可以刺激消费、去杠杆，也应该是一个自然而然的过程，“人造牛市”欲速则不达，反受其害。

第二，立即推动 IPO 注册制改革。这是中国股市实现制度新生的前提。注册制改革的本意就是“让市场发挥决定性作用”，证监会不再判断发行人的价值、不再调控新股发行节奏。审批制导致的市场自发调节功能的丧失，是股市乱象之根源。不彻底解决这一问题，必定是剪不断，理还乱。

第三，监管者要摒弃“父爱主义情结”，恪守裁判者的本分指责。证监会的职责是保护投资者，具体方法是严厉打击违法犯罪、充分的信息披露和风险提示。证监会不应该关心股价高低，更不应该影响股价走势，最不应该干预市场参与者的微观行为。当然，两融机制能否实行逆周期的监管，是本次危机提出的新课题。

第四，厘清政府与市场的边界。特别是，政府（官员、官方媒体）不应对股价涨跌进行明示或暗示，以减少对投资者预期的干扰。在发生股价暴跌时，政府不应轻易救市，只有在真正出现金融系统性风险时才能考虑救市。救市应该在法律和制度框架内进行，不宜随意破坏法律和规则的严肃性，更不能为民族主义、民粹主义所绑架。

第五，此轮暴涨暴跌，政府和市场都交了高昂的学费。危机过后，应该问责。问责的目的是“惩前毖后”。通过对有关责任主体“越位”与“缺位”的严肃问责，可以澄清监管者的定位、政府与市场的边界、市场参与者的权利和义务，形成未来制度建设的可预期框架，最终形成一个规则透明且稳定、人人守法的市场。这样的市场才是有效率的股票市场。

谨防“疯牛”失蹄和踩踏悲剧

华　生

核心提示

西方股市，一旦市场走牛，市场本身会有一种平衡力量，即随着股价升高，上市公司会纷纷进行再融资，还有很多公司会抓住机会积极推进 IPO。但我国融资和再融资是受到管制的，市场本身无法自我平衡。价格从来是靠供求关系来调节的，今天，由于股票供给受限，供求失衡，股票价格必然失真和虚高。因此，需要从现在起就开始实行向市场化注册制逐步过渡。

股市是长期机会，“疯牛”必然失蹄

当今市场除了银行等个别蓝筹板块外，已普遍泡沫化。然而，泡沫化的市场是不是就要破裂，这是另一个问题。

股市的机会是长期性的，是伴随着中国经济改革的深化和结构的调整出现的长期走势。目前，我们的经济还在探底的过程中，改革也还在摸索中前进。对外开放的亚投行和一带一路战略开局很好，但距离实施还有很长的路。然而，股市涨幅却在半年中已经翻了一番，大部分中小盘股票表现得更加疯狂，这不是一个健康的市场应有的表现，是不可持续的。

判断一个市场是否有价值支撑或者是出现泡沫，有着客观标准。西方股市存在了几百年，经过长期牛熊转换，人们逐步形成了一些判断标准，即市盈率、市净率、换手率。这三个最基本的衡量尺度，是判断市场整体水平而非个股的综合指标。

我国股市发展时间较短，而西方股市已经有几百年的

华　生
著名经济学家，现为东南大学教授、东南大学经济管理学院名誉院长

历史。几百年来，西方股市经历了各种泡沫和起伏。例如，美国道指从100多点上升到万点，已经涨了100倍，但上市公司的市盈率和市净率还保持在10多倍和2倍多的区间。这表明西方企业盈利能力与股指的上涨保持大体同步。

客观而言，股市上涨和企业盈利关系密切。企业盈利与股价表现未必亦步亦趋。美国纳市在2000年狂热时，市场的平均市盈率达到七八十倍，但好景不长，股指出现大幅度回落。尽管现在股指又快回到当初的点位，但花费了15年时间。有人说，美国的股市也涨了很长时间了，也没说泡沫。其实，外界对美国股市也有不同看法，但总体上美国的股市，特别是真正领先全球的科技型企业估值，远在我们之下。况且，欧美搞量化宽松、央行的利率已降到近乎于零，而中国的银行利率还在6%以上，实体经济实际借贷利息还远高于此。在这种情况下，我们的股市估值远高于西方和周边市场，显然是不合理的。

当然，估值标准是波动的。当一国经济从底部复苏时，股市的市盈率通常会偏高。但是，中国的经济还在探底过程中，下行压力较大，目前也无法看出企业盈利会有爆发性增长的可能。截至目前，已披露的上市公司业绩，同比还有所下降，也看不出企业未来利润在中短期会大幅度增长的前景。

因此，监管层现在提醒风险是非常及时的。当前由于股市的赚钱效应，各路资金蜂拥入市，生产性企业和上市公司的资金从实体经济中抽出不断投入股市，新投资者排队开户、借钱炒股的人数和数量都不断升高，这都是市场过热的明显标志。

不是经济牛而是资金牛

客观地说，这次牛市是资金市。

目前，我国经济基本面并不支持中国股市马上出现大的牛市，但随着中国楼市热度消退，在中国深化改革和转型升级过程中，证券市场确实迎来了长期发展的空间。

但这次股市的走热，并不是因为经济或改革的推动，而是源于货币政策推动，央行的降息成了牛市的起爆点。一是基于货币政策的放松以及未来不断放松的一致预期。市场中流传这样的说法，正是因为经济形势不好，所以货币政策会不断放松。二是股市的杠杆融资特征明显，借钱买股票发展到从未有过的水平。这很值得忧虑。现在普遍的情况是企业和机构借钱给中小投资者，这与政策鼓励和扶持有直接关系。

本来一个稳定上升的牛市对于实体经济之所以有积极作用，是企业通过融资和再融资，获得充裕和相对合理的发展资金。因此，股市对实体经济的作用，主要体现在活跃的股市为公司提供融资和再融资的市场机会。

中国与西方市场不一样。西方股市，一旦市场走牛，市场本身会有一种平衡力量，即随着股价升高，上市公司会纷纷进行再融资，还有很多公司会抓住机会积极推进 IPO。但我国融资和再融资是受到管制的，市场本身无法自我平衡。由于市场赚钱效应吸引大量投资者进入，包括从来没有炒过股的，听说别人赚了钱，也纷纷进入甚至借钱进入。这表现为新增资金源源不断进入股市。就像水库，水不断地往里注入，而库容又不能相应扩大，最后的结果只能是水位不断上升，形成股市脱离实体经济的自我循环怪现象。

在市场经济中，调节价格的主要机制是供求关系。因此，目前中国股市的繁荣，不完全是市场行为，带有很强资金市、政策市的特点。甚至市场中很多人喊出股市上升是国家战略，是政府鼓励做多，是政策牛市。在我看来这是很大的误读，会有不好的后遗症。

股市过于亢奋对于实体经济弊大于利

股市最终要为实体经济服务。无论是什么样的牛市，给实体经济真的带来正效应是唯一标准。

客观地说，一个活跃而健康的牛市应当对经济有互补作用，是很积极的。从长期看，股市也确实是投资和财富积累的重要场合。但股市一旦过于亢奋，就会成为“疯牛”，对实体经济并没有积极的作用。这就如同过去低迷的股市对于实体经济没有正面效果一样。

现在股市过热，对于实体经济不仅没有正面影响，甚至还有负面作用，主要表现在以下方面。

一是过热股市挤压了实体经济所需要的资金。大量的资金进入股市，涌入二级市场，带来的结果是股价上去了，但是实体经济的钱反而流出被股市吸走，实际利率水平不降反升。因此，市场上有一种说法，称股市上涨是源于无风险利率的下降。这并不成立。因为虽然央行降息，对政府欠债和大国企有利，但对大多数企业利率负担影响很小。从 2014 年到 2015

年，企业融资成本并没有发生多大变化。所以，现在股市赚钱效应带来的结果是，大量机构把资金从实体经济中抽出来，用于股市投资，以至于很多证券公司把钱都外借了。

二是由于股市过热，财富创造和分配都出现了扭曲。生产企业一年赚不出做股票的一个零头，上班的劳动报酬与炒股赚钱相比不值一提，谁还会安心费力搞生产、搞技术创新、踏踏实实地上班呢？这和2007年的情况相似。当时，市场火爆得让人都想赚大钱快钱，对任何风险警示都嗤之以鼻。实际上，世界上任何市场来钱很快很容易的时候，都是到了危险的时候。因为市场经济没有免费的午餐。这种亢奋也会扭曲人的价值理念和不同阶层的收入分配。由于疯牛最终获利的只是资本大鳄和少数幸运的炒家，摔得最重的往往是散户投资者和借钱炒股者，这样，也会进一步恶化社会的收入分配不均。

三是政策和政府信用捆绑，带来不必要的损失。这次市场发动源于政策松动。许多人就把这次牛市解读为政策需要、政府背书，甚至国家战略，宣称“炒股要听党的话”。2007年牛市泡沫的教训值得吸取。2007年5月30日，政府先是用行政手段简单粗暴打压市场，导致市场大幅震荡和普遍怨气，后又出面安抚市场、转变态度，结果市场从4000点继续大幅上攻至6000多点。其后的股市暴跌和长期熊市对投资者和实体经济反而产生了更大伤害。这次牛市由于被人有意无意打上了太多政策烙印，一旦市场转熊，人们必然将自己的不理性行为和投资损失归咎于政府政策及官媒误导。因此，政策信誉也要遭受更大损失。

暴跌拐点总是不期而至

对于市场中的泡沫，大部分人都不否认。但有观点认为要享受泡沫，因为政策鼓励做多，所以泡沫不会破灭，至少在很长时间内不会破灭。这种观点是错误的，没有任何人可以预先准确预知股市的转折点。

随着赚钱效应不断放大，外部资金源源不断流入，加上由于实体经济比较困难，银根有继续放松的预期，股市可能还会继续上涨。就像2007年，股市过了4000多点，我们就提示风险，但最后股市还是冲到了6000多点。但是，要记住的是，最后股市回到了1600多点。

当赚钱效应导致资金涌入进一步推高市场时，市场总会达到一个拐点或临界点，即所有推动市场上行的力量，未来都变成加速下行的压力。

值得注意的是，与2007年不同，这次杠杆效应很大，尤其是使用者多数是中小投资者。随着疯牛狂奔带来暴跌的可能性会不断增加，加上杠杆效应，以及港股通、新三板等资金分流新渠道的建立，一旦疯牛失蹄，对于中小投资者的冲击和踩踏带来的伤害，将远大于2007年的股灾。

从世界股市和中国股市的历史看，市场上除银行外，整体市盈率、市净率到这样高的水平，市场炒作热到这个程度，从来都是泡沫破灭的征兆，而不是牛市前期的信号。况且还有两个重大因素都会促成或加速市场下跌：

一是这次牛市是赚钱效应导致股市需求即资金激增，而股票供应的行政控制，人为造成股票供需失衡。中国的股市，并不是企业上市融资需求都能得到合理满足。鼓励大众创新、万众创业的资金需求远远得不到满足，实体经济嗷嗷待哺。甚至已上市公司再融资审批也要等一年多，600多家待上市企业都等了多年无法上市。故一旦启动市场化的注册制改革，市场供求关系就会逆转，股票价值必然回归。

二是美联储年内加息箭在弦上，到时必吸引全球资金回流，形成对发展中国家汇率、利率的很大压力。因此，若A股的疯牛趋势得不到遏制，下半年股指高位跳水，会对投资者和中国经济都造成负面冲击。

让市场力量发挥作用

这次牛市被普遍认为是政策导向和国家意志，因此，政府有关部门要明确向投资者提示风险，实际上这也成为很多资深投资者决定进退的主要观察指标。监管者还要采取实际步骤，对中小投资者的杠杆作用加以必要限制。特别是对市场已经过热之后中小投资者与进入股市的新投资者的新增融资加以限制。

当然，最根本的是推进市场化改革，让市场力量自己发挥平衡供求的作用。严格地说，所谓股市的国家战略，并不是人造牛市，而是要大力发展直接融资，让资本市场更好地发挥推动实体发展的作用。就股市本身而言，要积极推进注册制改革。注册制的含义是要进一步加大市场化，使我们的融资再融资从严格的行政审批转型到完全的市场化方式发行。在市场经济中，价格是靠供求关系来调节的。今天，由于股票供给受限，供求失衡，股票价格必然失真和虚高。因此，需要从现在起就开始实行向市场化注册制逐步过渡。

就像经济高速运行时难以调结构一样，市场供求进一步平衡，股市价格结构自然就会趋向合理，疯牛就会失去动力。要想投资者行为理性，价格这个指挥棒比任何说教都要管用。这样，政府希望股市慢牛的愿望才有可能实现，否则，疯牛狂奔，最后只能失蹄踩踏。

在大众创业、万众创新中，新三板的步子可以迈得再大一些。成熟的资本市场，如美国，已经形成低层根基很大的多层次市场。像纳市等基础层次市场上市公司以万家计，而主板上经过几百年的发展，也只有几千家上市公司。

所以，新三板尽管发展的速度已经不慢了，已经挂牌了2000多家企业，但是，相对主板市场，还是有点头重脚轻的感觉。我从来主张大力发展新三板，因为新三板不是针对普通投资者的，也不是竞价交易的，再融资是对机构和大户投资人，风险相对较小，可以发展得更快点。

值得关注的是，新三板在目前情况下，基础比较薄弱，各方面投机性强，这时候提出新三板要推行竞价交易，应慎重。

总之，只要我们沿着市场化方向，从今天起就开始行动，一个健康和长期有活力的证券市场就会与实体经济相辅相成，乘风破浪向前发展，从而也能给投资者带来长期稳定的回报。

延伸阅读 | Extended Readings

A股不弃病根，动荡仍旧难免

邓海清　陈　曦

核心提示

中国股市并非一个理性市场，症结在于：市场内部，投资者结构和股市定价机制的非理性；市场外部，政府与市场的关系仍然存在严重问题。中国股市以散户为主，“资本利得预期”是股市的主要驱动因素，价格偏离价值是必然；在一个非理性市场中，对杠杆的放任会导致灾难性的后果。本轮股市暴涨暴跌，政府不仅没有建好场地，规则随意修改，监管也不到位，甚至上场比赛，是本次股灾的重要教训。

随着“救市”力度不断加大，证监会、央行、银监会、公安部等多部委协调行动，“股灾”终于告一段落。本轮牛市开始于2014年7月，疯牛开始于2014年11月，结束于2015年6月。7个月内上证综指暴涨110%——仅有美国互联网泡沫、中国台湾地区1989年股市泡沫、中国2008年股市泡沫的上涨速度能与之相提并论。“股灾”开始于2015年6月15日，四周内上涨综指暴跌35%，下跌速度超过1900年之后国内、国外任何一次“股灾”。

简而言之，中国股市先是暴涨与世界纪录打平，然后暴跌创世界纪录，接着暴涨再创国内纪录。暴涨暴跌已经成为中国股市“新常态”。现在市场研究的焦点是“股灾”，但是“股灾”只是中国股市“异象”的一部分，暴跌之前和之后的暴涨，同样不正常。反复暴涨暴跌表明，中国股市并非一个理性市场。

中国股市到底怎么了？中国股市的症结在于两个方面：

邓海清
复旦大学金融学博士，现为中信证券固定收益研究主管、首席分析师
陈　曦
中信证券分析师

一是市场内部，投资者结构和股市定价机制的非理性；二是市场外部，政府与市场的关系仍然存在严重问题。

市场内部：投资者结构和股市定价机制

在一个理性的市场，“股票价格 = 股票价值”基本成立，价格围绕价值上下波动。一旦股价偏离股票价值，就会出现套利机会，市场自发的做多或者做空，使股价回归价值。价值取决于公司未来现金流折现，这在短时间内发生巨大波动的情况很少，所以股票价值波动是很小的。因此，在一个理性的市场，价格由价值决定，价格的波动率也应当很低。

在一个非理性的市场，“股票价格≠股票价值”，而是“股票价格 = 股票价值 + 资本利得预期 × 杠杆率”。“资本利得预期”指的是买入股票之后，预期通过卖出获得的收益；“杠杆率”指的是借钱炒股的比例。在非理性市场的股票定价中，股票价值所占权重很小，股价主要取决于资本利得预期和杠杆率。资本利得预期和杠杆率存在自我循环和正反馈机制，上涨导致更大的上涨，下跌导致更大的下跌，而且两者是乘法的关系，互相强化导致波动进一步放大。

中国股市为何是非理性的市场？一个重要原因是中国股市以散户为主，以及机构投资者的散户化。理性的市场有一个前提条件，投资者能够发现股票的价值，并且在股票价值上达成较强的共识，因此投资者能够按照价值进行投资。如果投资者无法发现股票价值，那么价值投资就无从谈起。对于散户而言，发现股票价值几乎是不可能的，因为涉及宏观经济情况、行业情况、企业情况，再加上商业模式、财务模型、估值模型，即使是专业从事股票分析的分析员也只能覆盖一两个行业，要求散户进行价值投资实在是想多了。散户投资怎么做？他们压根不关心股票的价值是多少，甚至连公司是做什么的都不关心，他们的标准只有一个：股价能涨就行。可能有人会说，股价会涨是因为价值提高了，但是事实并非如此。股价会涨仅仅是因为有其他人愿意以更高的价格从我们手中买走股票，而他买的原因仅仅是预期有另一个人会出更高的价，这就是俗称的“击鼓传花”游戏。在我们的股票定价公式中，这是典型的“资本利得预期”定价，整个过程与价值没有任何关系。如果一个市场中，“资本利得预期定价”占主导，那么价值投资是无意义的。

很多人呼吁应当价值投资，但这是没有意义的；谁资金量大，规则就由谁决定。不按规则玩，结果只能是自讨苦吃。于是，机构投资者散户化成为中国股市的常态：既然专业化价值投资没用，那么就比散户更散户好了。对于卖方分析师而言，有没有好故事是第一位的，有了好故事才能打开想象空间，才能形成资本利得预期，“国家牛市”“侠之大者，为国接盘”“党给我智慧，党给我胆”都是其中的佼佼者。对于机构投资者而言，与上市公司共同进行所谓的“市值管理”（俗称“坐庄”）更加简单明了，上市公司释放利好，机构投资者在市场吸筹，股价自然暴涨，大股东和机构投资者各赚一笔。机构投资者不再青睐价值投资，反而积极拥抱“资本利得预期”，是市场非理性的重要特征。

上面讲的是“资本利得预期”因素，再加上下面的“杠杆率”因素。本轮暴涨的一个特点是，杠杆成为重要推手。在上涨过程中，很多人否认杠杆的作用，认为不是“杠杆牛”而是“改革牛”，而在股市暴跌时却纷纷将杠杆当作罪魁祸首。要知道，杠杆在上涨和下跌时的作用是完全相同的。杠杆不会改变市场的方向，只会加剧涨跌幅度。上涨时忽略杠杆导致泡沫化，下跌时将杠杆当作牛转熊的“替罪羊”，都是错误的。

在一个理性的市场，价格由价值决定，杠杆的作用是正面的：加杠杆只出现在价格偏离价值、存在套利机会时，杠杆的作用是加快价格向价值的回归。而在一个非理性市场，价格由资本利得预期决定，杠杆的作用是负面的；在资本利得预期决定下，价格本来就偏离价值，杠杆将偏离程度进一步放大，结果就是泡沫化。所以，在一个散户主导、资本利得预期主导的市场中，对杠杆的放任会导致灾难性的后果。在中国市场成为理性市场之前，应当禁止为散户提供配资。

经历本次“股灾”，市场普遍预期投资者将重归理性，但是事实可能并不会如此。打个比方，如果一个赌徒在赌场里输光了钱，这时他看到了一个他认为可以回本的机会，他会怎么做？他会理性地离开赌场，还是会千方百计地筹资再赌一次？对于中国股市的投资者而言，“股灾”的教训恐怕只是要快进快出，一有风吹草动就争取第一个跑而已。只要多数投资者的投资理念没有改变，仍然抱着赚一把就走的心态，“资本利得预期”仍然是主导股市的主要因素，那么暴涨暴跌仍然在所难免。

综上所述，在市场内部，中国股市以散户为主，“资本利得预期”是股市的主要驱动因素，价格偏离价值是必然。在非理性市场中，杠杆的使用进一步加剧了价格偏离价值的幅度，不会起到价值发现的作用。在这个市场中，机构投资者无法通过价值投资获得超额收益，于是很多机构投资者变得比散户更加散户，或者成为庄家，市场非理性程度进一步加大。这是从市场内部、投资者结构和股市定价方面，导致中国股市非理性和暴涨暴跌的原因。

市场外部：政府与市场的关系

政府与市场的关系是中国改革最重要的命题之一。中国股市的种种乱象很大程度上与政府和市场关系失当有关。一个最典型的表现是，政府希望“慢牛”，而这实际就是干预市场。政府救市过程中，对于市场规则的破坏也加剧市场的非理性特征。

政府与市场的关系应当是，政府提供基础设施、制定规则和监督规则。俗话说，政府不能既是裁判员，又是运动员，笔者对此有所补充：政府应当提供良好的场地、制定公平的比赛规则、监督比赛按照规则进行，同时避免干预比赛。

反观本轮股市暴涨暴跌，政府不仅没有建好场地，规则随意修改，监管也不到位，甚至上场比赛，是本次股灾的重要教训。

场地没建好

场地是金融市场的基础设施，如上市制度、退市制度、法律制度等。目前我国上市审批过严，发债成为某些企业的特权，导致优质企业只能另谋他国，中小企业上市难度更大，这也是融资难的一个重要方面。退市制度缺乏，退市企业寥寥无几，难以发挥市场优胜劣汰的作用。法律制度不完善，内幕消息情况普遍，很多重大事项停牌之前，股票都会提前大涨，难道投资者能刚好猜中上市公司将公布重大利好，连公布时间都一点不差？对于违法违规查处力度过小，高回报低风险导致庄股泛滥，正常市场秩序难以建立。

规则随意修改

股灾导致财富缩水、威胁券商银行资产负债表，救市本无可厚非，但是救市的方式却值得商榷。本次救市的措施中，包括不允许大股东减持、限制期货开空仓、强制上市公司公布“五选一”利好、公安部严查做空等，严重破坏了市场的规则。这样的救市真的能救出来理性的市场吗？只允许看多、不允许看空的市场，是一个正常的市场吗？政府通过市场化方式，参与市场，扭转投资者预期，是合适的，也是每个国家都在做的；但是通过修改规则扭转市场走向，几乎闻所未闻。如果一个市场中，规则可以随意修改，那么价值投资就无从谈起。“政策市”的帽子不是投资者强加的，而是政府的所作所为使人不得不相信。经此一役，“政策市”的观念将更加深入人心，价值投资离我们更遥远了。

监管不到位

本次股灾的直接触发因素是证监会严查配资，但很少有人因此归罪证监会，反而市场普遍认为证监会错在没有更早严查配资，这是市场的重要进步。监管的问题从根本上讲，出在监管体制上。金融稳定应当成为央行最终目标之一，货币政策权、最后贷款人和监管权三者应当统一。事前统一监管，建立充分的应急预案，才是防范金融系统风险的长久之计。

上场比赛

政府不可能与市场完全划清界限，因为很多情况下政府也是市场的参与主体。例如，政府发行债券融资，要通过市场进行。再如，央行投放基础货币、调控基准利率，本质上讲是央行作为市场的对手方。这些并不存在问题。但政府希望市场“慢牛”，又希望市场化，这两个目标是矛盾的。如果投资者确定股市将“慢牛”，那么所有投资者都会在最开始就进入股市，以求获得最大的收益，而一拥而上的结果就是“疯牛”。希望金融市场服务于实体经济的初衷是好的，但是要求市场按照行政指令办事，就大错特错了。

综上所述，在市场外部，理顺政府与市场的关系仍然是一个亟待解决的问题，而这也是甩掉“政策市”“情绪市”等帽子的前提。政府要做的是建好场地，制定好规则，做好裁判，至于赛场中谁赢谁输，比赛是否精彩，都不是政府该管的。在一个完善的市场环境中，价值投资才能够产生价值，市场才能成为一个理性的市场。

“慢牛”是培养不出来的

陈志武

核心提示

资本市场监管要保持中立，不应该有明确的价值偏向，这是任何想培植长久持续的资本市场的国家应该坚守的基本原则。在经济下行压力下，实体投资的回报难以为继而且风险也高。相比之下，在“慢牛”政策导向下，股市投资短期回报更高。当政策市的政策是如此明确时，几乎所有企业和投资者都只对股市感兴趣，对实体投资没有兴趣。

资本市场监管要保持中立，不应该有明确的价值偏向，这是任何想培植长久持续的资本市场的国家应该坚守的基本原则。否则，如果监管者带有明显的价值偏向，为了宏观政策或其他目的使股市多涨或者多跌，那么，监管者就不可能在规则的制定和执行中保持公允，就会因为政策目的而偏袒一方，甚至鼓励、纵容非理性的投机行为，有意把泡沫吹大，制造市场危机。

我们常说：资本市场能比行政计划更有效地配置资源。这个结论当然有一个根本性前提，就是市场对资本的定价是准确的，资产的价格没有偏离基本面。价格是否准确之所以是核心，是因为价格是市场经济的指南针，股票价格尤其如此。如果股价总是偏离或者经常偏离基本面、长期虚高，那么，就会催化过多的投机，把社会资源过多地往泡沫化的行业配置，造成巨大的社会浪费，也会让许多投资者血本无归。如果是那样，就还不如回到计划经济时代，由计委去低效配置。

陈志武
著名华人经济学家、耶鲁大学终身教授；现受聘于北京大学经济学院

过去一段时期，听得比较多的怪象之一是资金无法从金融市场传导到实体经济。资本市场与货币市场上的流动

性可以多得泛滥甚至泡沫化，而实体经济中唱主角的中小企业却继续“融资难、融资贵”。于是，许多人又把这个看似悖论的怪象说成是中国天经地义的特色：在其他国家行得通的金融市场与实体经济联动，在中国就是行不通！

同时存在的另一个怪象是，监管部门在不断通过包括媒体、政策宣言等手段培植“慢牛”股市。而且，说是通过“慢牛”来增加企业股权融资的比例、优化公司的融资结构，借此打通金融市场和实体经济的通道。

这些怪象之间有什么关系呢？恰恰是官方不断表明的“慢牛”立场使金融市场更加脱离实体经济运转，使两者各自自我循环。原因在于，在经济下行压力下，实体投资的回报难以为继而且风险也高，而相比之下，在“慢牛”政策导向下，股市投资短期回报更高，并且因为有政府护航使短期风险也低。当政策市的政策是如此明确时，几乎所有企业和投资者都只对股市感兴趣、对实体投资没有兴趣。政府越是干预股市、通过媒体和政策引导股市，股市跟实体经济就会越脱离。也就是说，一旦政府有意主导制造“慢牛”，监管部门无法中立，会使股价日益背离基本面。一旦股价独立于基本面天马行空，资本市场到实体经济的通道就不会畅通了。资本和实体就各玩各的。这也是为什么资本市场只有在监管部门相对独立中立的国家才发展得好，而在绝大多数国家股市一般都是昙花一现、难以为继。

从逻辑上讲，由政府培植的“慢牛”是一个悖论。如果大家都知道政府希望未来两年里股市上涨50%，那么大家都会马上就买股票，可能两周或更短时间内就实现50%的涨幅。由于股市的高流动性，股票买卖行为和股价完全由预期决定，所以“有计划”的“慢牛”必然变成“快牛”，甚至“疯牛”，“慢牛”就不可能成立。

另外一个怪象是过多管制所致，就是各金融市场之间也相互割据隔离，比如短期利率和长期利率打不通、期货与现货价格打不通。金融资产跟商品不同，其流动性本来是最好的，哪里的资产价格错位，金融资金很快就可以跑到哪里。所以，只有在跨金融市场之间的管制政策太严太多的情况下，各金融市场才会相互隔离。

今天中国股市面对的问题不是阴谋论者所指控的，而是由管理层的定位、媒体的炒作、监管部门不中立所致。空中楼阁式股市可以短期刺激创业创新，但那只会是昙花一现。所以，股市监管和发展还是要回归到三中全会决定的“让市场在资源配置中起决定性作用”这一原则上。正因为过去股市的监管和管理偏离了这一原则，所以才带来今天的挑战。

名家观点 | Experts' Viewpoints

李剑阁 孙冶方经济科学基金会理事长、清华大学国家金融研究院联席院长

国家牛市的概念是个陷阱

国家需要的是一个健康、规范的资本市场。资本市场有涨有跌是常态。所以怎么能说政府就希望牛市呢？股市趋牛还是转熊，只能按照规律去发展，而不可能按个人的主观愿望，当然也不应该体现国家意志。目前，中国资本市场的“两融”业务，“一条腿长，一条腿短”。要在为看多的人提供融资工具的同时，给看空的人提供融券的机会，让市场自行平衡，牛市才不会变成“疯牛”。

制造“国家牛市”概念的人，其用心十分可疑。牛市之中，市场不规范也暴露无遗，上市公司内幕交易便很突出。许多上市公司甚至借用虚假的并购重组概念做市值、做发展。但没看到对这些内幕交易有任何认真的查处。利用内幕信息违规交易是公开的抢劫，对股民是不公平的。

制造“国家牛市”概念的人，实质是在绑架政府；相信“国家牛市”概念的人，何时能迷途知返？两万亿元的日交易量创造了世界之最，任何闪失都会让我们付出沉重的代价。

许小年 中欧国际工商学院经济学和金融学教授，世界银行顾问

决定前途的不是股市而是转型

一个说法是说我们用股市融资，有效降低企业的资金成本，因为很多企业拿不到银行贷款，或者说贷款利率非常高，因此就上了股市。但是我们都知道，最基本的公司财务的原理是股本资金的成本显著高于债务资金成本。

股市上的圈钱成本要远远高于银行的成本。之所以很多企业感觉股市上资金成本低，是因为很多股民不懂投资，就冲进了股票市场。在美国，股票市场上的融资成本，要比债务资金的融资成本高 7% ~8% 。也就是说，你在银行可以拿 5% ~6% 成本的贷款，在股市上融资，股民要求

12% ~13%，否则股民们不干。简单来说，因为股民承担了比债权购买者更高的风险。这是最基本的常识，而现在我们就是违反了这样的基本常识。

这样做的结果，是把资金成本的概念完全颠倒了，你以为从股民那里圈钱可以是零成本，不用给股民回报，那么这个股市将来的成本由谁来承担的？当然是股民。表现形式是什么？表现形式是当股价跌下来的时候，股民损失惨重。企业已经圈到了钱，但是股民将损失惨重。

水　皮　《华夏时报》总编辑，知名财经评论家

暴跌洗劫中产阶层财富

作为市场的参与者，投资者的身份复杂多变，一分钟前的看多或许就会演变成一分钟后的做空。从这个意义上讲，国家队进场之日就已经成为众矢之的，面临的对手盘是整个市场的投资者。他们时而成为战友，时而成为对手，政府救市难就难在这里。

投资者也是投机者，好了伤疤就忘了痛。这边指数才拉红盘，那边社会配资的电话又被打爆，不少人又以此作为扳本的机会，希望加杠杆把过去失去的损失再补回来。这种心理似乎无可厚非，但这和中央政府兴师动众全民动员救市的初衷背道而驰。切断“强平”的危机链是救市的目的，把股市的风险限制在市场内部而不至于扩展拖累银行才是救市的目的，避免系统性金融风险才是救市的目的。救市是非常举措，代价巨大，政府不开印钞机，羊毛还是出在羊身上。

本次暴跌对于中国的中产阶层无疑是一场洗劫。不少资金量级在百万乃至千万级的大户由于融资和配资的因素而遭遇“强平”，血本无归。最好的办法就是不要借钱炒股，不要配资炒股，更不要高利贷炒股。对于个人是如此，对于这个社会也是如此，必须旗帜鲜明地提出去杠杆作为救市的目标，只有这样才能达到治标又治本的效果，资本市场才能平稳健康地发展，中国 A 股，才能长治久安。

“互联网 +”：第三次工业革命

02

KEEPING THE
MINUTES OF CHINA
WITH THOUGHTS

主题文章 | Key Articles

网络经济的四条定律

艾　丰

核心提示

经济永远是虚实结合、实体和信息结合的，互联网的出现只是改变了虚实结合的方式。过去的虚实结合，信息是“附庸”；互联网条件下的虚实结合，信息是“主导”。市场经济，规模优势是永远存在的，互联网的出现和发展，只是改变了规模的实现形式。互联网的出现和发展，为复合生命体的发展创造了空前良好的条件，并有助于我们用创新的方法解决许多经济主体方面的问题。网络经济要求品牌战略必须有新发展，集中到一点，就是必须更加重视创意。

互联网的发展催生了网络经济的发展，中央提出“互联网 +”更使网络经济呈现了生机勃勃的新局面。

关于互联网经济的讨论以致争论很多，人们感到眼花缭乱、莫衷一是。要把握网络经济的正确发展方向，首先要认识其中一些规律性的东西。理解这些规律性的东西，我们的创业和创新，才能抓住要领。

我认为，网络经济存在着四条定律。

定律 1：信息与实体结合，以信息为主导

人类的经济从来就是虚实结合的，即使处于自然经济状态的农业，也需要气候信息，中国把它总结成 24 节气。市场经济出现和发展以后，信息就更重要了。互联网出现以后，信息的收集、传播、运用发生了根本性的变化，信息产业、信息企业都迅猛发展。同时，互联网对实体经济发生了重大影响。首先是在销售领域，电商渠道大大挤压了实体商店的业务，而后又深入到生产领域。于是，一些

艾　丰
高级记者、教授，第九届全国政协委员；曾任经济日报总编辑，现任艾丰经济发展研究院院长

人认为信息经济将取代实体经济，实体经济今后没有发展前景。其实这是一个误判。

经济永远是虚实结合、实体和信息结合的，过去如此，今后也如此。因为人的衣食住行，都离不开实体。互联网的出现只是改变了虚实结合的方式。过去的虚实结合，信息是“附庸”；互联网条件下的虚实结合，信息是“主导”。互联网经济发展得如何，全靠信息和实体结合得如何、信息主导的效果如何而决定。

互联网无非是以下几种形式的互联互通：信息与信息、信息与实物、生产与销售、信息与企业、企业与企业、企业与消费者、消费者与消费者、线上与线下等。在这些互联互通中，哪个能离开实体因素呢？即使是经营从信息到信息互联互通的，其生存也离不开广告，广告就是虚实结合体，因为它的目的是卖东西。

看看互联网经济发展的现实，那些发展得比较好的互联网主体大都是虚实做得比较好的主体。阿里巴巴就是一个例证。它开始着力于中小企业之间的互联互通，后来又搞了淘宝网，着力于企业和消费者之间的互联互通，都是靠虚实结合发展的。

现在又出现了一个新词汇“物联网”，直接强调这个网主要是联结实物的。实体经济的提高，一个侧面是靠单个设备技术水平的提高，另一个侧面就是靠诸多实体和设备之间联系水平的提高。比如能源，就有一次性化石能源和可再生能源之间的联结问题，有能源生产和能源消费之间的联结问题，这就需要能源的物联网。一个产业之间各环节之间的关联、各个产业之间的关联，都可以通过物联网解决。现在提出的“工业4.0”“现代物流”“智慧城市”“智慧社区”“智慧家庭”等的实现都离不开物联网。其实，物联网也是虚实结合的。没有虚的中介，实是联不起来的。

物联网是互联网的延伸，它更强调实物的互联互通。网络经济应该包括互联网经济和物联网经济两个层次。

定律2：规模与多样结合，以多样为主导

传统工业以规模化取代了手工业的多样化，互联网的出现和发展，极大地解放了多样化、个性化需求，也提供了满足多样化、个性化需求的可能。以分散形式销售的电商，正迅速取代集中销售的实体商店的份额，大型商店或商场的风头似乎已经过去。以流水线为主要特征的生产厂家，以统一标准为特征的大规模制造，也遇到了挑战。于是，一些人认为，网络经济时代，规模效益已经被多样需求所抛弃，规模不再重要了。这也是一个误判。

市场经济，规模优势是永远存在的，经济活动永远离不开量。量的满足是需求的基本满足。量又为质的提高提供了成本、实力、效益和推广的基础。任何先进技术只有得到规模化应用，才能够真正发挥其作用。规模化的分工，又推动了科学技术的发展。但规模以两种形式实现。一种是“集中型规模”，一种是“分散型规模”。互联网的出现和发展，并没有取消规模，而是改变了规模的实现形式，分散型规模发展了，集中型规模在一些方面减少了。例如，淘宝网为什么影响这样大，就是因为它的销售规模空前地大，“光棍节”一天的销售额就达到160多亿元，但这个规模不是由一家实现的，而是由网上的800多万家企业共同实现的分散规模。这与一家一家计算的实体店的集中规模是不同的。但规模同样是它的生命力和影响力的一个重要标志。

大型制造企业过去形成的规模，大都是集中型规模，集中的制造园区，集中的流水线，集中的决策方式，集中管理的销售、物流、服务体系等。已经形成的集中规模，有些是难以改变的，你总不能把原来的集中园区都废弃、把原来的流水线都拆掉吧。那么，怎样适应多样化的需求呢？其出路在于找到集中规模和多样化需求的联结点和契合点，最大限度地保留和继续发挥集中规模的优势。例如，利用集中规模发展模块化生产，并利用规模优势在模块化产品中注入更多的科技含量，然后用模块化支撑多样化。这中间的关键也是一个结合问题。

还要看到，互联网在实体领域发展了分散规模的同时，却在信息领域造就了空前的集中规模。信息的数字化，使信息有可能大规模地集中收集、保存、分析、利用。这就是互联网衍生出来的“大数据”“云计算”。这个信息的集中规模化，正是实现多样化、个性化的保证。多样化、个性化的许多难题只有靠“大数据”“云计算”来解决。

定律3：单一生命体和复合生命体结合，以复合生命体为主导

所谓单一生命体，是指一个主体只有一条生命。例如，人就是单一生命体。所谓复合生命体，是指一个主体包含多条命，例如有的昆虫，把它切成几段，每段还可以存活。多年来，企业就是以这两种形态存在着。大量的企业都是单一生命体，企业是单一法人，企业破产了，这个企业就死亡了。但也有的企业是采用复合生命体结构，表现了更强大的生命力。例如，多个企业法人组成的企业集团，集团中一个或几个企业倒闭了，集团其他成员仍然活着，集团仍然可以活得很好。特许加盟的连锁经营，也是复合生命体，它是由多个生命体组成的。盟主是一个生命体，所有加盟单位都是独立的生命体，有的加盟店的倒闭或退出，并不影响连锁经营的存活和发展。

互联网的出现和发展，为复合生命体的发展创造了空前良好的条件。互联网既可以突破企业外壳的局限，又能够实现多个企业的有机联结，更容易实现多个生命体的融合。例如淘宝网，它是由马云建立的网站和在网上卖货的800多万家企业共同组成的复合生命体。这个复合生命体的建立和发展，不需要资本纽带连接，也不受业务相同的约束，各个参与的企业仍然保持着自主经营、自负盈亏。这就为复合生命体的发展敞开了大门。这样的复合生命体，与其说像一个企业，不如说更像一个有统一经营的园区。它是新型复合生命体。

互联网在这方面为我们打开的思路，有助于我们用创新的方法解决许多经济主体方面的问题。例如，大型国有企业正在推进混合所有制改革。如果让民营企业直接入股到大集团，民营企业家的那一点资本投进去，就被融化了，它并没有什么真正的发言权。但如果采取复合生命体的办法，在大型国有企业集团中容纳众多有独立生命的民营企业，共同组成复合生命体，整个集团自然就变成了混合所有制，岂不是更加可行吗？

定律4：品牌和创意结合，以创意为主导

互联网的出现和发展使中小企业和大企业都站在一个更加平等的水平线上。过去，随着市场竞争的深化，品牌集中度随之提高，在一个行业内往往会出现少数大品牌称霸，小品牌、新品牌难以崛起的局面。有了互联网，有了电商，资本实力不雄厚的中小企业，无须花很多钱做广告、做品牌，只要产品有特色，价格比较合适，也能够迅速发展起来。于是，一些人认为，互联网的出现和发展，品牌已经不那么重要了。这又是一个误判。

实际上，互联网的出现和发展使品牌变得更加重要了。在实体经济条件下，品牌只是企业主体的代表性符号；而在网络经济条件下，品牌几乎成了企业主体自身。做网络企业有“烧钱”的说法，就是先要烧很多钱。烧钱干什么？主要不是购置设备，建造厂房，而是做品牌。烧大量的钱，把品牌做出来了，就成功了；烧了大量的钱，品牌没有做出来，就失败了。网络企业的价值主要是品牌价值，而不是它的实物价值。网络运营也是一样，互联网上有海量信息，人们怎么找到你？网上购物，不能实际观察、体验，人们怎么信任你？这些都更加需要依靠品牌。

但必须承认，网络经济要求品牌战略必须有新发展，集中到一点，就是必须更加重视创意。产品的创意、商业模式的创意、企业组织形式的创意等。微博、微信、淘宝、天猫、支付宝、滴滴打车、微微拼车等都是创意。有了好创意，引资不发愁。创意思路的突破，关键是落实“互联网+”，看看互联网和什么能够加起来，怎么加起来。山西没有水，也没有海，但有一家企业通过网络把相关资源联结起来，就成了世界最大的观赏鱼网站。另一家网站，把农村原有的小卖部通过互联网联结起来，业务发展迅速，各方都受益。

总之，更多地思考从单独操作向互联互通发展，更多地思考各种类型的优势互补，小品牌和大品牌优势互补、实体企业和网络企业优势互补、自有资源和他人资源互补、当地和外地互补、单一生命体和复合生命体互补，创意的灵感就会像泉水一样喷涌出来，品牌将会有更广阔的发展前景。

“大众创业，万众创新”，创业要靠创意引领，创新要靠创意落实。互联网时代，创意为品牌发展提供了更有力的杠杆，品牌为创意提供了更广阔的天地。

“互联网 +”：繁荣背后的三重隐忧

王红新

核心提示

“互联网 +”倒逼传统行业进行创新，但是并不是所有的行业都可以“互联网 +”。我们现在所有成功的互联网企业都是应用型的互联网企业，缺乏极客和创客成长的良好环境，太高的资本回报难以孕育真正的企业家精神，只会催生出更多的“套利型企业家”，而我们需要的是更有耐心的“创新型企业家”。

让现在成为最好的创业时代

“互联网 +”在当下中国有着非常重要的意义，它让现在成为基于互联网商业生态进行创业的最好历史时期。为什么会这样？原因有三：

第一，移动互联网的创业模式最容易在大国成功。中国的人口基数大，有充足的劳动力，在改革开放初期，制造业享受了较长时间的人口红利。近十几年政府主导的信息化基础设施建设，使中国绝大多数人口都变成“信息化人口”，我们是全球最大的手机拥有国和网络用户最大国。这将使中国的企业在移动互联网时代，享受第二次人口红利。

第二，我们过去所有企业家的思维习惯都是不太重视数据，不太习惯基于数据分析进行科学决策。在移动互联网时代，这一现象将彻底改变。我们未来新一代企业家的判断和决策习惯必然会和大数据、云思维联系在一起，这将极大地提升中国企业的整体竞争力。

第三，资本市场活跃将支撑互联网的创新和繁荣，巨

王红新
上海交通大学
海外教育学院
执行院长

额资金源源不断进入，这对互联网行业至关重要。因为总体来讲，互联网行业的创业成功率并不高，资本的支持是基础。

繁荣背后的三重隐忧

第一，“互联网 +” 倒逼传统行业进行创新，但是并不是所有的行业都可以“互联网 +”。在“互联网 +” 的大背景下，很多传统企业都会出现瓶颈，在人才吸引、资本支持、市场拓展等方面会更困难。比如，最近很多上海高校的计算机专业学生，从大一开始就有很多单位给他们发补贴，联络感情，希望他们毕业之后到自己企业当中来。这对传统行业按部就班的人才吸引会造成很大的挑战。

第二，我们现在所有成功的互联网企业都是应用型的互联网企业，这是一种深入的数字软化行为，但我们缺乏极客和创客成长的良好环境。极客和创客文化支持美国步入新硬件时代，因此，我们在互联网领域的繁荣是比较狭窄的，我们互联网创业成功的都是基于移动互联网的应用而非硬件的创新。

第三，互联网领域的投资行为显得十分拥挤，我们大多数都在成功的路上，最后能否成功还得长跑下去。以现在教育类的 APP 为例，目前已经有 7 万多个，而且仅江苏就每天新增几十个教育 APP。每一个所谓的移动互联网创业背后都有资本的支持，这个支持最后都是希望从资本市场退出，因此说绝大多数都还在成功的路上。

拥挤的背后是资产的高估价。以前我们投资界比较习惯于“平均 3 倍率”，即先投天使轮，一两年之后，天使轮增值 3 倍到 A 轮，A 轮增值 3 倍到 B 轮，这个我觉得比较合理。但现在是 10 倍率，天使轮要增值 10 倍到 A 轮，A 轮增值 10 倍到 B 轮，就是 100 倍，到资本市场又是 10 倍。之所以我们现在有些互联网上市公司市盈率达到上千倍，就是因为背后这个 10 倍率在起作用。这更像是一个“击鼓传花”游戏，哪一天我们资本市场的市盈率变成 100 倍，现在这些高估价的投资行为就会面临巨大挑战。所以，这个“击鼓传花”游戏还能不能持续玩下去是一个挑战。

据统计，2014 年拿到 A 轮融资的公司有 800 多家，拿到 B 轮融资的有 200 多家。由于高速发展的新兴行业里融资轮次间隔正在急剧缩短，很多创业公司 A 轮和 C 轮之间相隔只有一年，因此，这 1000 多家企业中会有很大比例需要在 2015 年去拿 C 轮。再加上 2014 年之前融完 B 轮的那些公司，需要在2015年拿到C轮的公司只会比1000多不会比1000少。假设2015年还是只有不到100家拿到C轮，这意味着90%的创业者需要直面“C轮死”的可能。

太容易获得的金钱、太高的资本回报不会催生真正的企业家精神，只会让更多的企业家变成“套利型企业家”，而很难出现有耐心的“创新型企业家”。从这个意义上说，我们更愿意看到理性发展、持续繁荣、不断创新的互联网创业市场和背后敏锐、果敢的投资者，二者携手在中国大地不断演绎精彩而不疯狂的资本神话。

延伸阅读 | Extended Readings

“互联网 + 农业”：探索农业发展新模式

吴文军

核心提示

“互联网 + 农业”实现的是农业产业的跨越式发展，不再只是互联网简单接入农业，或者农业融合互联网，从而实现去中间化，提升效率等旧有模式，而是要将互联网与社会资本带入驱动农业发展的轨道中。推进互联网和农业达到真正融合的关键，应该是着眼于整条产业链的融合而不仅仅是其中的某一环节。“互联网 + 农业”首先要以提高农民兄弟收入为目标，而不是打着各种旗号到农村去圈地圈钱。

当前我国农业产业链系统效率低下，农业现代化程度依然很低，产业链面临“内忧外患”，拥抱互联网就成了农业未来的新出路。作为最传统的产业，农业被互联网改造的潜力最大。

深度融合产业链 探索农业新模式

“互联网 + 农业”实现的是农业产业的跨越式发展，不再只是互联网简单接入农业，或者农业融合互联网，从而实现去中间化，提升效率等旧有模式，而是成功地将互联网与社会资本带入驱动农业发展的轨道中。一方面，“互联网 + 农业”促进专业化分工、提高组织化程度、降低交易成本、优化资源配置、提高劳动生产率。另一方面，“互联网 + 农业”通过便利化、实时化、感知化、物联化、智能化等手段，为农地确权、农技推广、农村金

吴文军
中国农业产业发展基金董事长

融、农村管理等提供精确、动态、科学的全方位信息服务，正成为现代农业跨越式发展的新引擎。

“互联网 + 农业”的落地执行，首先需要从国家层面对农村互联网基础设施的建设和普及作为基础支撑。2015 年 5 月 20 日，国务院办公厅下发《加快高速宽带网络建设推进网络提速降费的指导意见》，明确提出今年新增 1.4 万个行政村通宽带，在 1 万个行政村实施光纤到村建设，95% 以上的行政村通固定或移动宽带；明后两年，80% 以上的行政村实现光纤到村。由此可见，国家对农村互联网设施建设充分重视，迈过了农业与互联网结合普及的初级门槛。

概括起来看，围绕农业生产，整个农业产业链系统包括农资供应、农业金融、农业生产以及农产品的流通加工消费等环节。通过与互联网的结合，其中农资和农产品的流通环节都已取得突破进展。

2015 年 5 月 8 日，国务院出台了“电商国八条”，提出加强互联网与农业农村融合发展，中央财政将拿出 20 亿元专项资金用于农村电商基础设施建设。这一政策的出台必将进一步推动农资、农产品电商行业的发展。除此之外，之前炒得火热的互联网金融也迎来了“1 + 1 + X”的产业创新发展模式，开始将互联网与金融的优势相结合起来，服务于第三对象。其中，“三农”领域的巨大人口红利及资本蓝海也会吸引社会资本向农业金融领域不断流入。

推进互联网和农业达到真正融合的关键，应该是着眼于整条产业链的融合而不仅仅是其中的某一环节。同样，“互联网 + 农业”融合而成的电商平台，不仅仅是把农产品搬到网上售卖，而应该考虑对农业产业链的完善和革新。

例如联想搞农业的模式，就着手打造互联网农业产业深度融合的新模式。联想对农业的改造是全方位的，不仅用互联网技术改造生产环节提高生产水平，而且运用互联网技术管控整个生产经营过程确保品质，同时运用互联网技术创新产品营销，最终将农业的各个环节打通，形成完备的产业链。再如，阿里集团也在布局互联网与农业深度融合的产业链模式，计划将农村电商依托于旗下整个生态圈发展，支付宝、余额宝、招财宝、蚂蚁微贷等业务都已跟农村挂钩，未来运用大数据将直接介入农村金融市场，满足农民的资金需求。

“互联网 + 农业”在探索实践中创新出许多新颖的结合模式。但不管是互联网技术深度运用的智能农业模式，还是互联网营销综合运用的农资农产品电商服务模式，抑或是互联网与农业深度融合的产业链模式，摩拳擦掌的资本一波接着一波。它们是借着“农业＋互联网”的概念吹起一轮泡沫，还是通过深刻改造和深度融合让农业产业迎接互联网大潮所带来的巨大发展与产业升级，时间会给我们最好的答案。

改革主角是农民　普及培训是关键

作为“互联网＋农业”这场变革的主体，农民能否接受互联网的洗礼，成为真正意义上的“新农人”，是互联网与农业真正实现深度融合的关键。为农民重新教授市场经济的基础知识，在长期来看一定是有其必要性的，使农民能够看得懂市场走向，作出市场预测，从而进行正确的市场决策。但这对于当前我国农民群体受教育情况的现状而言，无疑是有些超前的。当务之急，也是可以把握的，首先是充分调动农民接受互联网从而转变传统经营的积极性，培训农民了解“互联网＋农业”运作模式与操作方法。

分析农民对互联网诸多抵触情绪的缘由，互联网安全问题首当其冲。在当前互联网知识普及程度尚且不够的情况下，即使是较早接触互联网的城市居民也常常被网络安全问题所困扰，而对于接受新鲜事物能力较差、风险承受能力较低的农民来说，一个小小的网上操作失误可能会使其蒙受较大的经济损失，这一点无疑会增加互联网在农业领域的普及难度。

2015年2月，阿里研究院就正式发布了《中国新农人研究报告(2014)》。报告提出，新农人群体的形成是互联网赋予“三农”的必然产物。随着农村互联网的普及和互联网技术在农业的应用推广，未来的农民都是“新农人”。“互联网＋农业”首先要以提高这些农民兄弟的收入为目标，要让农民增收得利，而不是打着各种旗号到农村去圈地圈钱。只有真正为农民增收提供帮助的“互联网＋农业”创新，才能获得农民发自内心的认可，才可能获得更加广阔的市场。

热效应前冷思考　落地执行渡难关

“互联网＋农业”概念看起来很美好，但“理想很丰满，现实很骨感”，作为理论落地的开拓者们依然任重而道远。

农业是高风险弱质产业，自然因素影响着整个生产过程。“互联网＋农业”虽然能为农业结构调整和农产品加速流通提供有力支撑，市场经济的内在契约性约束也越来越被农民所了解，但面对自然风险的不可控性，农民仍可能被迫违约。当违约责任被农民归咎于互联网的负面因素时，就难免会滋生抵触互联网的心理，其结果不排除“农业－互联网”的出现。

虽然国家已经开始实施农村土地流转政策，只有通过大面积土地流转，才有可能实现农业规模化和现代化，为“互联网＋农业”企业奠定基础，但是，目前土地的整体流转速度仍然偏慢，更多的地方仍处于探索阶段。绝大部分的土地仍然处于小规模种植状态，这正是“互联网＋农业”介入农村的第一道难关。

“互联网＋农业”企业虽然可以利用现有的农村市场线下渠道，将产品和服务打进农村，但是，这一般要求“互联网＋农业”拥有较雄厚的资金实力，才能充分保证渠道畅通。由于农村大部分的渠道都存在着一定程度的赊欠现象，即农民赊欠零售商，零售商赊欠批发商，批发商赊欠上级经销商，如果遇到年景不好，有些欠款就可能逾期不还甚至成为坏账。“互联网＋农业”企业一旦想通过法律手段追讨，则可能出现维权成本远高于最终所得欠款的尴尬处境。因此，“互联网＋农业”企业必须在设计渠道战略时，先设法破解农村“无赊不成店”的思维习惯，或者破解追债难的问题。

唯互联网模式陷阱。互联网热风下，不少企业老板成了唯互联网论，张口闭口都是互联网思维、网络化手段。事实上，人是多场景消费者，转型中的农业从传统渠道到网络营销更需要多消费场景，唯互联网模式只能是营销飘在天上，销售跌到谷底。归根结底，农产品营销从顶层设计到路径选择都要有清晰的战略设计。传统农业企业家必须重视的一点是，网上很多看起来很美的农产品电商模式，事实上并没有实现盈利。对于本身资金链就紧张的传统农业企业，太过“尝鲜”，说不定会死在黎明之前。就目前而言，“互联网＋农业”大多还处于行业进入期，适合一些在农业产业链上某一环节具有突出优势的企业，借助互联网新模式强化优势。

毫无疑问，“互联网＋”与农业的融合将带给农业巨大的模式变革，但是，作为企业必须明确的一点是，大变革下，有成功，但也永远不缺失败的案例。当农业遇到“互联网＋”，农业企业能否选择“互联网＋”和企业原有模式的最佳接入点，新模式能否真正落地执行，并给企业带来新的竞争优势，这是农业企业家们必须考虑清楚的问题。

“互联网 +”语录 16 条

马化腾

核心提示

在我的理解中，“互联网 +”是这个时代一个重要的机会和使命，首先“+”代表一种突破自我的附加值；其次“+”代表相互连接。互联网已经超越工具成为一种能力，与各行各业结合之后能够赋予后者以新的力量，如果我们错失互联网的这种能力，就如同在第二次工业革命时代拒绝使用电力。

1

“互联网 +”生态战略的思路是，利用互联网的平台，利用信息通信技术，能够把互联网和包括传统行业在内的各行各业结合起来，能够在新的领域创造一种新的生态。

2

移动互联网其实就像电一样，过去有了电，很多行业都发生了翻天覆地的变化，现在有了移动互联网，每个行业都可以拿去用，其实是你中有我，我中有你。

3

在我的理解中，“互联网 +”是这个时代一个重要的机会和使命，首先“+”代表一种突破自我的附加值；其次“+”代表相互连接，腾讯的使命就是成为互联网连接器；最后“+”代表携手合力，风口当前，腾讯不会总想着自己起飞，而是想成为一个稳固的助推器，让合作伙伴也能顺势一飞冲天，共生共赢。

马化腾
腾讯公司控股董事会主席兼首席执行官

4

如何理解“互联网 +”？在过去，煤炭、蒸汽机的发明和使用是第一次工业革命，继而迎来了第二次工业革命，也就是电气时代，互联网是第三次工业革命，所有行业都应该抓住这次机遇，不光是 IT 领域。

5

互联网已经超越工具成为一种能力，与各行各业结合之后能够赋予后者以新的力量，如果我们错失互联网的这种能力，就如同在第二次工业革命时代拒绝使用电力。

6

未来的“互联网 +”模式是去中心化，而不像过去，是一个集市。我们是去中心化的，场景化的，跟地理位置有关的，千人千面，每个人的需求都能实现。这样才能最大限度地连接各行各业传统行业能够在自身垂直领域作出成绩的合作伙伴进行整合，这样生态的力量才是最强大的。

7

现在很多细分领域有大量创业机会，只要抓到一个很细节的地方，怎么用信息技术提高人们的效率、改善人们的生活，能够解决一个痛点，就肯定能成功。

8

中国一直有外面的互联网公司进来，强龙和地头蛇谁赢呢？目前看无一例外都是地头蛇赢了，没有一家打得过地头蛇。本地创业者所有身家性命都在这里，一天可以作决策几次，跨国公司还要向老板汇报，老板还有时差。这里又有资金，PE 很活跃，对中国本土的创业者还是很有信心的，很接地气，而且主动思辨，一条路走不通多试几条路。

9

对于产品经理最重要的能力，就是把自己变成傻瓜，发现问题，然后想为什么这样。然后变成开发者。一秒钟傻瓜，一秒钟专业。

10

什么是痛点？举个例子，税务和发票，这个就是痛点，你要住酒店，要开张发票，证明，回去报销。能不能用微信扫一下，你都不用打印，电子发票都在云端，从我的卡里扣完钱，然后两分钟之后钱又打回我的卡里。我也不用搞什么假发票，这个就是案例，一讲他们觉得很兴奋。在国内，刮发票中奖，搞得手很脏，中了几块钱怎么领，麻烦，这个就是痛点，我说能不能扫一下，立刻知道是否中奖，中了我还可以给我同事发红包抢一下，还可以在朋友圈炫耀一下。

11

美国的确是霸主，前十几乎都是美国，他们一做就是全球性，数据库系统，路由器芯片，整个 IT 的核心都是美国的，大家不在一个起点，对于美国以外的国家，其实都是学习和复制，毫无疑问。但是到了应用层面，文化、用户选择的不同，中国互联网创造了很多，有些甚至比美国还走得快。新的东西，在中国等亚洲国家移动化更快，比如说，微信的公众账号，我们看到 Facebook 这几个月也在做，对我们来说没有谁抄谁，就看谁能满足需求。

12

腾讯在四年前用了三年时间提出开放平台，并已经宣布了腾讯开放战略转型，升级为众创空间。过去确实很多不放心、不信任，出于本能很多事情百分之百自己做，包括搜索、电商等。但现在我们真是半条命，因为我们把另外半条命给合作伙伴了，这样才会形成一种生态。

13

每个企业，讲基因也好，或者管理层的精力和能力都是有限的，我想，应该还是要聚焦在最擅长的领域里面。我们的商业模式就赚一层很薄的，但是很宽广的利润就够了，而不会说进入每一个行业很深。

14

关于风口论，大家都看到风口，全部往那挤，还在排队上。我们往那济，但不是想在风口上起飞，而是给这个风口搭一个梯子，或者卖降落伞，以防大家上去下不来，或者卖望远镜。

15

要打造全要素众创孵化平台，把账号体系、社交关系链、应用分发、支付能力、流量、云计算等资源都开放给创业者，整合内部和外部资源为创业者提供一站式的服务，让“大众创业、万众创新”成为一种“新常态”。

16

我们现在的定位很清晰、也很简单，就做两件事情：第一，做连接器，通过微信、QQ通信平台，成为连接人和人、人和服务、人和设备的一个连接器。我们只做最好的连接器；第二，我们做内容产业，内容产业也是一个开放的平台。

［摘编自作者在2015“互联网+中国”峰会、与河南省政府签署战略协议仪式、2015中国广州国际投资年会、香港大学演讲、2015年中国（深圳）IT领袖峰会上等活动公开演讲］

名家观点 ▎Experts' Viewpoints

姚　洋　北京大学国家发展研究院院长

让转型升级插上互联网的翅膀

“互联网 +”强调互联网对创新活动的支持以及对传统产业的再造和升级。单纯地发展互联网，这不足以让互联网成为下一波技术革命的“领头羊”。20 世纪 40 年代末，计算机的发明以及紧随其后的微电子的兴起，全面地改变了人类的生产方式，大大提升了人们的生活质量。互联网是电子革命的延续，要使之发挥更大的作用，就必须让它深入各行各业，全面提升企业的生产能力，为社会创造新的价值，这是“互联网 +”的精髓所在。

随着产业升级的深入，我国离世界技术前沿的距离越来越短，技术进步的不确定性也越来越大。在这种情况下，市场和企业必须扮演更大的角色。互联网冲击着每个企业的生产和销售方式。“互联网 +”行动为企业把“互联网焦虑”转化为“互联网动力”指明了方向。在创业创新、协同制造等方面，“互联网 +”蕴藏着巨大的商机。把握住这些商机，传统企业就将获得重生。

周鸿祎　360 公司董事长

“互联网 +”是一场化学反应

“互联网 +”就是各行各业和互联网一起发生的一场化学反应。“互联网 +”，不是传统行业和互联网的简单结合，而是利用互联网对所有行业的再造，产生新的商业模式。

提到“互联网 +”，就不得不提到另一个名词“IOT”，即万物互联。万物互联促成了“互联网 +”的实现，尤其是为制造业带来第四次工业革命。在 IOT 时代，我们所有能看到的物件，不论大小，都可能会变成一个智能化的设备。这些设备 7 × 24 小时连接互联网。未来 5 年，这些设备的数量可能达到 300 亿到 500 亿台，到那时，真正的大数据时代来临，甚至会产生人工智能。IOT 使全世界几十亿人都在用智能设备，无时无刻不在连接互联网。而“互联网 +”，就是利用互联网这种万事万物的连接，对现有行业进行的改造。要么建立新的连接关系，要么加强原来连接的效果，要么压缩原来连接的层次。

未来几年随着 IOT 时代和“互联网 +”这两种趋势的流行，大部分企业都会被迫转成或者主动转成互联网企业。企业的商业模式会从单纯的一次性买卖，变成实时与互联网相连，变成互联网服务。未来能赚到钱的，肯定是和用户有着长期联系的公司。

李　易　中国移动互联网产业联盟秘书长

“互联网思维”并不简单

“羊毛出在猪身上”不算什么新观点，沃尔玛早就已经这样做了。但沃尔玛是利用规模效应低买高卖，这是传统零售业的基本模式。

互联网业界的“羊毛出在猪身上”可不是低买高卖。“羊毛出在猪身上”的核心逻辑在于，一旦获取海量用户，自然会有广告商赞助或透过增值服务获利，实际上就是在单纯买卖之外创造了新的价值链。

谈及“平台战略”，有偏见的人认为，传统行业也做平台，比如宝洁、雀巢做的都是平台，只管品牌建设，实际上并不生产产品。其实这是“外包”或者“代工”。在互联网业界，苹果和谷歌打造的应用商店才是“平台战略”，阿里巴巴旗下淘宝、天猫打造的电子商务帝国才是“平台战略”，其核心思想在于其他企业可以很容易地和你的业务建立联系，在此基础上建立产品和服务，共同创造价值。

“互联网 +”也不仅仅是提升效率那么简单。互联网给人类社会带来的不仅仅是生产力的提升，还深刻改变了人类社会既有的生产关系。Uber 的颠覆之处在于，重新定义了出租车公司与出租车司机，每个人都可以用私家车为另一个人提供出行服务，从而在不增加车辆及司机的前提下极大地解放了城市公共交通的运力。它既解放了生产力又解放了生产关系，这才是真正的“互联网 +”。

大众创业：能否成为新发动机？

03

KEEPING THE
MINUTES OF CHINA
WITH THOUGHTS

主题文章 | Key Articles

"创新创业泡沫"会破灭吗?

何　帆

核心提示

我们不过是在两次技术革命中间的地带，距离真正的新技术革命仍然道阻且长。触目皆是的"互联网+"，不过是上一次技术革命的成果被传统产业逐步消化。粗略估计，现在的创业项目中，大约70%以上是移动互联网项目。为什么我们即将迎来"创新创业泡沫"的破灭呢？理由很简单，消费者不会在自己的手机里下载1000个APP。

我们当下能够听到的最为励志的故事，就是创新创业。就连我这种书斋里的学者，都阴差阳错地听了好几回创业项目的路演。身边的朋友们，朋友的朋友们，好像不是在创业，就是在去创业的路上。正在创业的人们感觉到机会从来没有这么好过。但，有些隐忧不能忽视。

创新创业的火热年代是否真的来临?

从新技术革命的历史经验来看，大概可以勾画出一个简单的发展脉络——

1. 下一轮新技术革命的萌芽往往出现在上一次经济低迷时期。旧的产业已经衰落，各种生产要素的价格处于较低水平，具有叛逆精神的年轻人会在迷惘中试着摸索出一条新的、没有人走过的路。

2. 当新技术革命的曙光初现之后，往往会引发一次盲目的投资狂热。人们无法预测新产业的预期收益，只能凭借自己的想象定价。狂热的程度决定泡沫膨胀的程度。

何　帆
中国社科院世界经济与政治研究所研究员

3. 泡沫一定会崩溃的，就像抛到空中的皮球一定会掉下来一样。一旦泡沫崩溃，第一批所谓的新技术企业纷纷倒闭，哀鸿遍野，先驱成了先烈。

4. 后来的创新企业将踩着第一批先烈的尸骨前行。泡沫带来的大量投资，在很大程度上改善了基础设施，奠定了技术进步的基础。而泡沫崩溃之后，后来的企业往往可以以非常低廉的价格享受到成熟的技术和基础设施，这才有了从废墟中崛起的机会。

5. 真正的技术革命发生在更晚的时候。当中原逐鹿的尘烟散去，新技术的霸主基本确定之后，新技术仍然需要一段较长的时间扩散、渗透到其他行业。等到新技术铺天盖地而来，改变了传统产业的业态，所谓的新技术其实已经变成了成熟技术。

19 世纪 40 年代的英国，到处充满着对铁路的狂热。一位苏格兰法官描述当时的场景："这个国家简直就是一所铁路疯子收容院。"街边的小贩都在贩卖铁路股票。几乎每天都有新的开发计划在另一个不查地图就找不到的偏僻小镇开工。但是，突然之间，泡沫崩溃了。1847 年 10 月 16 日，铁路股票市值锐减 85%，很多银行被迫关闭。为什么？原因很简单，在伦敦和伯明翰之间，或是在曼彻斯特和利物浦之间，只需要修建一条铁路，不可能一下子修 10 条铁路。

20 世纪 90 年代，美国出现了互联网泡沫。1994 年纳斯达克综合指数只有 500 点，到 2000 年 3 月 10 日突破了 5000 点，但随后一路狂跌至 1114 点，跌幅近 80%。在纳斯达克最为癫狂的时候，几乎所有带有".com"的公司都会受到市场的追捧。比如，一家网上宠物店"pets.com"，靠烧钱打广告，居然也上市了，但只有 268 天就退市了，3 亿美元资产灰飞烟灭。为什么互联网泡沫会最终崩溃？理由很简单，很多互联网公司的商业计划书高度雷同，它们都希望能够尽快地跑马圈地，利用网络效应获得垄断利润，但每一个板块的胜出者都不过寥寥数家，许多板块甚至连支持一家独大的市场规模都没有。

2015 年，我们不过是在两次技术革命中间的地带，距离真正的新技术革命仍然道阻且长。触目皆是的"互联网 +"，不过是上一次技术革命的成果被传统产业逐步消化。

互联网不是在 20 年前就已经出现了吗，为何以技术的扩散会如此缓慢呢?

技术的扩散从来都是极其缓慢的。19 世纪末就已经有了电气化的技术，但等到美国的企业完成电气化改造，已经是 40 年之后了。传统产业的方方面面都需要慢慢地适应新的技术。别的不说，就厂房的改造而言，电气工程师不知道怎么设计厂房，建筑师不知道电气化技术，就这么纠结了几十年。

当前“互联网 +”的时代，是在许多技术进步和经济社会变迁的合力下塑造出来的。互联网技术本身在不断升级换代。消费者对网络的适应和接受能力今非昔比。网络时代的第一代“土著居民”已经到了开始消费的年龄。就连退休的老人，也变成了网络世界的新“移民”。传统产业渐渐没落，大量的资源闲置，急于寻找新的投资领域。互联网技术开发的门槛大幅度降低，三五好友，几十万元，就能捣鼓出一款新的 APP。创富英雄的神话对年轻人有着巨大的示范效应。加之得到政府的支持，创业环境明显地比以前宽松很多。

难道这不是创新创业的最好时光吗?

我丝毫不怀疑新技术革命即将到来，新一轮的技术革命，至少有一半的故事会发生在中国。

我相信中国有两个独特的优势：

其一，中国具有庞大的市场潜力。有很多先进的技术，最终只能到中国，因为只有中国才有足够大的市场，能够让这些新技术商业化。高铁就是一个很好的例证。

其二，中国还有巨大的劳动力优势。是的，非熟练劳动力的工资已经越来越高，很多劳动力密集型企业纷纷搬到越南、孟加拉国等劳动力更便宜的地方去了，但我们还有大量的廉价、优质的工程师。“大跃进”式的大学教育带来了工程师的过剩供给，博士的工资又快赶不上保姆的工资了。很多中国企业正是利用了这支庞大的技术研发大军，通过“劳动力密集型的研究与开发”实现了技术创新。

但是，这些优势并不能自发地保证未来的创新创业不会出现泡沫。到美国转转，你会发现，新技术的领军人物往往是稚气未脱的年轻人，因为他们有闯劲、有才华、有想象力，但商业项目的运作者和投资人却大多白发苍苍，因为他们有经验、有定力、有人脉关系。但在中国，你会发现，新技术的领军人物还是所谓的学术权威，但一天到晚折腾商业项目的却是飞扬跳脱的少年——他们自认为自己与众不同，其实每一个人和另一个人都长得一模一样。粗略估计，现在的创业项目中，大约70%以上是移动互联网项目。为什么我们即将迎来创新创业泡沫的破灭呢？理由很简单，消费者不会在自己的手机里下载1000个APP。

大量的资金潮水般涌入，我们将首先看到这场创新创业泡沫的壮大。越来越多的互联网公司不再专注于互联网本身，他们在兼并、收购，买他们熟悉或不熟悉的业务；越来越多的高科技企业没有再推出令人眼睛一亮的新发明、新产品，但它们的CEO们却越来越多地在公众面前亮相；所谓的创新，越来越同质化，越来越没有想象力，它们每一个乍看都很美丽，可是细看都似曾相识。

有泡沫并不可怕，泡沫崩溃了也不可怕。铁路泡沫崩溃之后，至少留下了四通八达的铁路；纳斯达克网络泡沫崩溃之后，至少留下了跨洲光缆。只是，等到我们如此追捧的泡沫崩溃之后，究竟能够留下些什么？

大众创业迎来转型期

曹祎遐

核心提示

随着信息经济、知识经济向智慧经济的演进，创业也在不断转型发展。在经历了20世纪80年代改革开放初期“个体户”式的创业热潮、20世纪90年代末互联网泡沫中各式各样“网络精英”式的创业热潮后，创业迎来了新经济环境下的又一轮高潮——“大众创业”。随着政府一系列简政放权、鼓励创新措施的叠加效应，未来的创业环境将进一步改善，大众创业、万众创新将成为大势所趋，中国经济的发动机也会随之换代升级。

借助中国改革创新的东风，一股“大众创业”“草根创业”的新浪潮正在袭来，并展现出了“新常态”。从新注册企业结构上看，呈现“三多”格局，即小微企业多、服务性企业多、民营企业多。这表明，政府在“一减一加”（即对行政审批、市场壁垒做“减法”，对市场空间、创业天地做“加法”）之中，不仅有效地激发了市场活力，营造出良好的创新创业氛围，也进一步促进了产业结构的转型升级，优化了经济发展方式。

创业驱动：从要素驱动型到创新驱动型

随着市场经济的兴起繁荣，创业开始逐步深入大众视野。不管是早期工业社会依赖自然资源与劳动力投入的工厂模式，还是互联网时代依赖技术和资本投入的硅谷模式，归根结底都是要素驱动的创业模式。如今，互联网以空前的广度、深度和速度改变着社会及经济发展模式，尤其是移动互联网的兴起，使创业门槛逐渐降低，“全民创业”成为可能。与此同时，依托于互联网经济产生的新业

曹祎遐
上海社会科学院部门经济研究所助理研究员、上海市“晨光学者”

态备受大众创业所追捧。

与要素驱动型创业相比，以创新为驱动力的创业似乎更加符合时代特征。纵观当前的创业成果，已经从“硅谷模式”高科技创业的“一枝独秀”，发展到挖掘新模式新业态中的创业机会与利用新技术、新材料的高新技术创业并重的“百花齐放”格局。当前，以现代信息技术的深度融合与应用为核心，以互联网、新能源、新材料等技术的重大创新与融合应用依托，整个产业形态、组织方式、生产形式、商业模式等都在发生着深刻的变革。例如，当前炙手可热的在线旅游业便是互联网改变传统旅游业行业形态所产生的新业态，不仅把用户体验从传统的“量贩式”跟团游转变为“攻略式”的定制游，更从根本上颠覆传统旅游业的运营管理模式和商业盈利模式。对于创业者来说，类似这种不断分化、融合、跨界、变异以及与信息技术嫁接所产生出的一系列新模式和新业态无疑成为新的创业方向。

在当今互联网经济日趋成熟的大背景下，借助新型移动互联网技术，改造传统服务和产品，从而催生出新的业态，或是演绎出与以往完全不同的新商业模式，进而隐隐浮现出新产业的雏形，已经成为“全民创业”时代的趋势特征。在实践中，已有企业运用跨界思维进行模式创新。例如，由安徽省邮政统一运作的“徽乡茶”，以“物流配送 + 茶叶销售 + 包裹寄递”的一体化高档茶叶营销服务畅销全国。安徽邮政不仅为当地名茶打造出一个知名区域品牌，同时也形成了一个以邮政营业厅等为主的茶叶销售新模式。

创业领域：从单一行业到多产业融合

创业可以被理解为是对机会的识别、挖掘并最终将其转化成市场价值的过程。在互联网和创意等媒介的催化作用下，过去界限清晰的产业区分正在逐渐模糊甚至消失，产业融合逐渐成为主流趋势。产业融合的过程中会产生很多在传统经济中没有出现过的创业机会。这种创业机会不仅出现在传统产业的边界处和结合部，如文化创意产业与传统产业的融合，而且也出现在新兴产业与传统产业的融合过程中，如传统产业的网络化。

著名的未来学家约翰·奈斯比特曾在《亚洲大趋势》一书中指出，21世纪产业结构调整的一个重要趋势就是推进文化的产业化和产业的文化化。我国正在进入一个创意经济的新阶段，文化资源通过创意转化成经营资源，有效促进传统产业的创新和升级。无论是农业、制造业还是服务业，都可以借助创意产业的思维逻辑、创新发展模式，或与创意产业融合发展，产生明显的经济效益。在文化创意产业与传统产业融合领域，创业者可以在传统产业中融入文化内涵，实现差异化竞争，通过塑造有特色的品牌，提高竞争力。

同样，传统产业的互联网化可以作为新兴产业与传统产业融合的最好诠释。随着互联网的快速发展和对各行业的深入渗透，消费互联网市场日渐饱和，传统产业在互联网媒介下的融合化发展成为互联网时代的主流趋势。其中，互联网扮演着行业融合的黏合剂、市场的发酵剂和业务变革的催化剂的角色，在成熟的传统产业规模上延伸出范围更大、前景更开阔的新需求，凝聚了越来越多的市场机会。

创业思维：从“个体思维”到“众筹思维”

创业思维从传统的“个体为主”转变为“众筹制胜”。

首先，从创业地位来讲，在20年前创业并不被主流观点接纳，甚至是“走投无路”的选择；而在当今社会，自主创业已经成为最积极、最主动的就业形式。除了全民创业热情高涨外，创业支撑条件也日趋完善。我国经济发展更加注重提高自主创新能力、提高节能环保水平、提高经济整体素质和国际竞争力，为创业者提供了创新动力；新技术的涌现、互联网的运用、新能源和新材料的开发，为创业者提供了全新的空间；结构调整和体制改革以及健全的创业服务体系，使得创业之路更加顺畅。

其次，从创业形势来讲，创业由“跑马圈地”变为“插位创业”。20年前，创业常常是填补某个领域和市场的空白，产生颠覆式的效应，而如今的创业者常常需要直面行业巨头的压力和日渐成熟的行业格局，在夹缝中求生，即所谓的“插位”创业。而创业优势也从“信息不对称”变为“数据利用”。20年前信息资源的不对称形成了创业的基本优势。在当今的创业环境下，尤其是互联网和移动通信设备带来的随时随地的顺畅沟通和信息密集的交流，大大缩减了数字鸿沟。因此，在大数据时代，如何更好地挖掘和利用数据背后的商业信息，成为接替信息资源不对称的另一种优势。

最后，从创业主体来讲，“90后”作为一个特征鲜明的群体正在成为中流砥柱，带来了全新的“社群经济”和“众筹思维”，从生产关系到管理模式，产生了一种“破坏式”的创新。从脸萌到节操精选，再到一批批崛起的“90后”CEO，新的创新创业主体正在瓦解传统的金字塔管理模式，将“中心”边缘化，用“自由组织”取代“结构化”，重新构建一种以贡献值、文化标签、兴趣爱好为规则和约束力的生产关系，用“众筹思维”获得共赢。

政府角色：从“培育箱”转为“点火器”

随着创业环境、创业驱动和创业主体的变化，政府在创业中所扮演的角色也从传统的一味给予式的“培育箱”向推动自主创新的“点火器”转变。

硅谷的生态系统是由政府部门、大学教授、科研机构研究人员、企业家、投资人以及各类中间机构、非正式社区组织等共同构成，目的明确，分工清晰。政府是环境创造者和培育者；大学是人才培养和输出基地；各类投资人成为连接企业与科研院所、企业与市场以及企业间的有效整合节点，特别是1.5万个天使投资人在硅谷创新事业发展中起到了重要作用。硅谷还有一大批创新活动的间接参与者，包括律师、会计师、专家等。风险投资网络、专业技术网络、非正式社交三个网络相互交义，互联网又进一步催生了这些信息的流动及跟进。在这种生态系统下，小企业大量涌现，自下而上形成了宝塔式架构。

硅谷有着其独特的不可复制性，但是我们可以借鉴其对创新创业环境的营造。通过与“中国硅谷”中关村的对比，可以发现我国在创新创业生态系统构建中存在的问题。比如，我们所面临的科研机制及导向问题，市区二级资金投向的重叠问题，对企业生与死造成障碍的法律问题等。

随着“管理型政府”向“服务型政府”的转变，如何在新经济形势下更好地引导大众创业完美转型成为政府必须直面的挑战。为此，政府应当做好引导与保障的两方面工作：一是优化政府扶持资金使用，由对企业“点对点”的大额资金资助向重点投入技术基础设施建设与地区专有能力建设倾斜，并更多地采用天使、PE等现代企业运作方式及市场化手段为中小微企业发展助力；二是优化创业环境，降低创业风险，政府既要通过税收减免、便利跨区跨省经营等方式降低创业门槛，又要为大众创业构建具有保障性意义的退出通道。当然，从长远来看，政府应当继续积极推进大学、继续教育的改革，进一步促进“官、产、学、研、用、介”模式的发展，将关注目光更多地投向人才、技能培养。

延伸阅读 | Extended Readings

创客空间：做什么，怎么做

王德宇　杨建新　李双寿

核心提示

创客群体已成为引领全球新工业革命的新助推器。在互联网助推下，个人创客又逐渐会聚成一个个社群，从而形成创客空间。创客空间所扮演的最为重要的角色，就是一个个吸纳人才与技术的熔炉，让有想法、求实现的人们组成团队，不断产生新作品。车库咖啡、3W咖啡等社交空间，为创业者提供了更好的与产业联系的机会，是创客团队走向市场的“连接器”。

创客空间的形成

创客群体已成为引领全球新工业革命的新助推器。在互联网助推下，个人创客又逐渐会聚成一个个社群，从而形成创客空间。

2007年，一位计算机安全专家与一位发明专家在美国旧金山成立了噪音桥（Noisebridge）创客空间。随后的数年中，在两位创始人之一的米奇·奥特曼（Mitch Altman）的推动下，全球范围内的创客运动（Maker Movement）愈发兴盛。在我国，早在20世纪80到90年代，DIY（Do It Yourself，即自己动手做）的风潮就已开始流行。随着计算机产业在我国的发展，DIY很快进入了新的领域。计算机配件的充足供应及其便捷的购买渠道，使得“攒电脑”从北京、上海、广东、深圳等一线城市迅速流行开来并遍及全国。回顾数十年来，以“自己动手做”这种形式进行设计、开发、制作的人群，虽然所在领域不

王德宇
清华大学基础工业训练中心创新开放实验室主任
杨建新
清华大学基础工业训练中心主任助理
李双寿
清华大学基础工业训练中心主任

同，制作对象千变万化，但有一个共同的特点，就是他们都是凭借兴趣或爱好，依靠个人或小团队的力量来实现。同时，这类人群往往也能够通过制作产品、加以应用、创造价值，赢得周围人们的了解、尊重和崇拜。

近年来，互联网已经不再是一个独立的系统，它已渗透到第一、第二、第三产业中，正在推动一场大规模的产业变革。而有一类群体，带着他们对新技术的敏锐嗅觉和快速响应能力，借助网络资源不断聚合的能量，引领和影响着这场变革。曾经提出 Web 2.0 概念的美国著名科技媒体人 Dale Dougherty，将这类群体定义为“Maker”（中文译为“创客”）。

纵观近两年来国内创客群体的涌现，一定程度上缘于我国电子元器件和信息化产业的空前发展速度。尤其在我国南方，电子元器件和当年的计算机配件一样，在各类电子市场可以通过接近成本价的低价大量采购。这就为那些喜爱拼插组装，又十分善于将不同功能、特性的元件进行组合的人们提供了无限的可能性。加之全球持续流行的开源软件社群，以及刚刚出现就迅速成长的开源硬件社群的发展，热衷于自己钻研开发的人们在全球范围内互相启发。他们不再满足于简单的机电产品制作，更多的是利用各种不同电子元器件之间相对开放的接口，尝试不同的组合，创造不同的新产品和新应用。

在互联网的助推下，个人创客逐渐会聚成了一个个社群。为了让更多的人知道自己的作品，这些 DIY 发烧友们借助互联网，将各自的成果展示其上并互相学习，形成一个个社交群体。创客个人水平的提升，逐渐汇集成了整个社群在技术水平和规模上的优势，也就是现今各地所涌现的各类不同定位的创客空间的雏形。

创客空间扮演的角色

创客空间所扮演的最为重要的角色，就是一个个吸纳人才与技术的熔炉，让有想法、求实现的人们组成团队，不断产生新作品。

我国各地产业结构与文化氛围不尽相同，使得创客空间的面貌也多种多样。根据 2015 年 3 月全球创客空间维基站点的统计，在其网站注册的国内创客空间共有 21 家，广泛分布于北京、上海、深圳、南京、杭州、成都、广州、东莞、香港和武汉。国内统计显示，目前已正式运行，处于较为活跃状态的创客空间或创客聚集地约有 28 处，辐射区域覆盖了华北、长三角、珠三角、华中、西部地区和东北地区。除此之外，各地高等院校、中小学校、社区，不断出现新的，或是由原兴趣社团演变而来的、拥有固定活动场所和专属设备的创客空间。

创客空间初期一般由一批具有相似兴趣的人聚集在一起而形成。随着规模逐渐发展，有些创客空间保持着爱好者聚集地或共同工作场地的定位，有些则承担起面向社区或所在城市的技能培训职能，还有一些创客空间通过提供场地、工具、设备，联系协调各类资源，支撑创意团队的项目开发，进行产品孵化。

创客社群注重个体创造能力的探索与发挥，内涵和目标都是多元化的，不以利益为主要诉求。创客运动的主体是创造者自身而非市场。但创客并不排斥商业，不少创客项目中涌现出成功的初创企业。这与以往企业、科研机构的创新研发活动相比，表现出了不同的特点。创客团队多由个人或小型团队发起，早期一般经历想法产生与设计研发、原型产品实现与验证、产品迭代与发布几个阶段。随后，那些发布后经更广范围检验较为成功的项目，有些会进一步经过精细化产品设计、工程设计、商业孵化、量产后投放于市场。

国内创客空间多从早期阶段介入对创客项目进行支持。规模较大的团体能够协调更多资源，推进项目，直至产品入市，公司进行长期运营。

事实上，近年来国内电子商务、快递业的发展已在国际上取得领先地位，而众筹、众包的模式也日趋成熟。这些基础设施与平台的发展，为创客群体提供了良好的生存土壤。当我们检视与创客相关的产品或项目时，其生命周期中不可或缺的环节至少包括两个：一是创意与想法在原型产品级的实现（Prototyping），二是项目产出成果的实际检验，即受到市场或同行认可的过程。对于实体产品项目，原型产品的制作需要上游元件配件供应商的快速响应以及物流环节高效率递送，同时整个过程中还需要高水平工程设计、供应链设计、市场战略规划等人士的密切参与，才有可能形成成熟的产品进而投放市场。因此，创客空间所扮演的最为重要的角色，就是一个个吸纳人才与技术的熔炉，让有想法、求实现的人们组成团队，不断产生新的作品。

创客团队是走向市场的“连接器”

车库咖啡、3W 咖啡等社交空间，为创业者提供了更好的与产业联系的机会，是创客团队走向市场的“连接器”。

结合当地创客团队及社群的需求，各地创客空间所发挥的功能有所差异，也以不同的形态为创客群体提供服务。其基本形态一般为具有实体加工条件的场地，相关加工工具、设备等。同时，创客的社群性决定了创客空间一般需要具备研讨空间。该空间可大可小，亦可与加工区域共用，但其存在的意义在于，具有相同兴趣的人能够方便地进行分享、交流与讨论，这一过程中获得的社交认同感，是创客群体保持黏着度的重要因素。

兴趣团体。创客文化的核心在于兴趣驱动的个人创意与创造。这就定义了创客空间最基本的活动形态，即兴趣团体。这种形态可以追溯到美国加利福尼亚州硅谷的科技社区。车库是硅谷信息技术产业的摇篮，而家酿电脑俱乐部则是其中的代表。苹果电脑公司联合创始人 Steve Wozniak 曾经常在俱乐部与人交流自己的设计方案。而当时参与这类活动的人都是出于兴趣，是为了造出更好的电脑，而非商业目的，但最终优秀的电脑设计就诞生于这样的一群人中。

项目孵化与加速。创客社群成员形成团队推进项目日趋成熟，一些项目的目标和定位更加明确，并开始显现市场价值。另外，市场需求或实际问题的出现，也为项目提供了进一步发展的可能。对于这类团队，创客空间将提供多方面的支持，包括产品开发场地、原型产品制作条件、工业设计、电子技术、供应链与量产咨询服务等。同时，创客空间通常设立会员机制，成员定期缴纳一定的会费，获得使用这些资源或服务的权利。会费收集后，则会用于添置设备、邀请技术顾问等。在国内，各地社会化运行的创客空间，大多以这类形态提供日常服务。

技能培训。在社会上，有两类人士可能成为创客的潜在人群：一类是年轻人，他们对新工具、新产品具有强烈的好奇心，希望更深入地探索一个产品的原理，甚至是进一步改造；另一类是在生活中常遇到需要通过创造性思维寻求问题解决方案的人，当他们面临一些工作、生活中的挑战时，往往希望通过自己动手，寻找解决方案并加以实施。这两类人常有一个共同的特点——需要了解、掌握一项或几项需动手操作的技术，却常无处进行学习。面对这样的需求，创客空间往往承担起技能培训平台的角色。

专业工艺。创意产业的兴起，推动了很多中小规模的加工企业，开始整合设计师资源，形成具备一定设计能力和定制化能力的工坊。这些工坊具备较为专业的加工工艺，在特定的领域施展特长，结合当地创客社群，提供定制化服务。这些与创客社群对接的工坊，也会举办类似开放日的活动，吸引各界人士了解其资源。

社交空间。对于创客团队来说，如果选择走向市场，需要面临供应商、投资人、合作伙伴、潜在客户、媒体等各界人士。同时还需随时了解业内合作者、竞争者的情况。近年来，在创客活跃的区域，出现了许多公共社交空间，以咖啡店、餐厅、书店的形式存在，吸引各类人士驻足。创客与创业圈也形成一种“泡”咖啡店的习惯，以期与合适的合作伙伴或独具创意的项目“偶遇”。这些社交空间也常会组织主题活动，邀请投资领域、技术领域的知名人士出席，通过讲座、交流会等形式，为各方提供相互认识的机会。除此之外，一些社交空间还兼具孵化器功能，为初创团队提供私密办公地点，为创业者提供更好的与产业联系的机会。北京的车库咖啡、3W咖啡等，设立在中关村地区，以互联网项目为特色；清华校友创立的大家咖啡连锁，在北京清华大学校园旁并在深圳前海新区设立分店，吸引在校学生、创业团队、小微企业人士与投资人、校友、企业家等人群进行深入交流，提供办公空间，还为初创项目提供产品展示的平台。这些社交空间由于背后拥有创立者相关的人脉网支撑，往往具有一定的信誉，这也为创业者在选择合作伙伴的时候，提供了一定程度的参考。

企业家资源导入。创客空间代表了以个人或小型团队为主体的社会化创新群体，而面对产业全球化的挑战，各类企业尤其是接近终端消费市场的家电、消费类电子、科技产品等行业企业，越来越重视组织创新能力的培养以及创新项目产业化。企业在发展中所遇到的问题非常具体，而对于产品创新，则更多的是开放的态度。因此，一些企业已经建立起面向年轻人的创新专门部门。这些企业内部机构，通过举办创意大赛、校园讲座、提供实习机会等方式，吸引高校及社会创新人才或创意构想，作为企业创新的资源储备。另外，一些地区的高校和政府部门主动与企业形成合作，将企业中层管理人才尤其是创新型企业的一线管理人才与初创企业甚至创客团队进行对接，将成长企业在发展中曾面临的挑战及相应解决方案分享给后继创业者。这种产业与团队之间的双向互动，正逐渐形成一个产学合作的新生态，也为院校建设创新创业相关课程及活动提供了引入人才与资源的新渠道。

学校支撑的创客空间。从人才角度来讲，学校拥有庞大的、多元化的参与者群体；从活动条件来讲，近年来各级院校都在大力建设创新活动实践基地并积累了丰富的资源。

打造“天生我材必有用”的创业教育

赵　勇

核心提示

教育作为创造机会的产业和行业，应该走向彻底的个性化。这种个性化不是帮助你通过同样的方式达到同一的目的，而是让每一个学生达到他自己最成功的方向。创新创业还有一个很重要的因素就是创业精神和创新的能力。创业精神其实是一种心态。一个创业的人能从一个问题中看到机会，改变自己不喜欢的事情。

青年就业是全球性的难题。以前我们认为大学是帮助解决就业问题的，但现在大学毕业生基本都面临严重的就业困难。可为什么创业的人，特别是进行有价值的尝试的人为数不多？原因还要归结到教育上。

机器化和全球化造就了很好的创新机会

为什么现在青年面临大批失业，实际上就是两大因素：一个是机器化，一个是全球化。

机器人代替人做了很多的工作，从汽车到建筑行业，机器基本上取代了很早的生产线和组装线，银行 ATM 机、网上银行取代了很多人工的工作。机器取代的还不只是简单重复性的工作，很复杂的工作也取代了。在美国这种现象已经开始显现，比如会计师开始失业了，美国律师和法学院的学生也失业了。不是说美国人不打官司了，只不过是不需要这么多律师了，很多律师以前是在律师楼办案子查资料，自从有了搜索引擎就不需要他们了。这是大数据时代，凡是可以程序化的工作基本上都会被机器所取代，不管是高技术还是低技术。

赵　勇
美国俄勒冈大学首位校长讲席教授

全球化就意味着外包的增加。比如一个简单的工作如果能找到同样质量、干同样活的，工人价格只有我们的1/5，那么工作肯定会转移。

这就提出两个问题，我们是继续培养学生和机器竞争，还是和低廉的没有受过高等教育的人竞争？机器化和全球化给我们造就了很好的机会，让多元化人才、多样化人才有了发挥能力的机会。现在我们进入了“人类生活富足”的时代，开始消费不同的东西，在旅游、医疗和教育上消费更多一些，开始更多地关注自我心灵和精神上的需求。目前来看，如果能够制造新的满足人类精神需求的产品和服务，你就有价值，这是机器不可能取代的。这就说明，不管你有什么才能，只要是被别人需要的就是可用之材。

从培养学生同质化到培养个体化

如今，每个人只要某方面的才能发挥到极致，你的长处必然是有价值的，所以“天生我材必有用”的时代已经到来。但是我们的教育还是没有接受这个概念。

第一个要解决的问题就是，教育如何从培养同质化的人才转变为培养个体化的人才。教育作为创造机会的产业和行业，应该看到每个人的长处，要帮助他们扬长避短，而不是帮助他们平均化。

有这样一个实验：哈佛大学学生的阅读能力比有阅读障碍的人强多了，但是图形识别的能力远远低于这些人。如果你让有阅读障碍的人花1万个小时学阅读，还不如让他们从事编程、打游戏等现在流行的艺术。所以，教育选择上就存在一个问题，你是帮助每一个人成功还是帮助所有的人掌握同样的知识？

教育应该走向彻底的个性化。这种个性化不是帮助你通过同样的方式达到同一目的，而是让每一个学生达到他自己最成功的方向。

创业精神和能力的培养

创新创业还有一个很重要的因素就是创业精神和创新的能力。创业精神其实是一种心态。一个创业的人能从一个问题中看到机会，改变自己不喜欢的事情。比如我们经常讲的乔布斯，他做个人计算机时最大的动力是不喜欢当时的大型计算机。

然后就是信心，信心也是同样的重要。我们做任何事情必须承担风险，但是我们在传统教育中是不鼓励承担风险的，只注重认知能力、考试能力、学科知识能力。美国最有影响力的教育研究机构特别呼吁，作为心理情绪方面的创新创业能力，应该把它作为最主要的教育结果。

从大数据来看，中国在国际科学数学的考试测评中，自 1995 年以来，在亚洲国家中都是名列前茅的，我们的亚洲教育系统在全球也是名列前茅。但是这个考试同时有另外几个参数，包括学生的自信心和对科目的喜好，这完全是负相关。分数越高的国家的学生对这门课的兴趣和信心越少。

我认为创业分为两种，一种创业是必要性创业，也可以称为没办法的创业，以创代就，越贫穷的国家，这种类型的创业可能会越多。另一种是机遇性创业，即找到一个机会点进行创业，但机遇性创业需要冒险。比如，谷歌的两个创始人都是斯坦福大学的博士，当他们想创立谷歌的时候，其实很想把博士读完，但是导师让他们别读了。如果他们没有冒险，那么今天可能就没有谷歌。同样地，其他的机遇性创业也需要冒风险。硅谷的很多大型创业公司，如甲骨文、苹果、微软、戴尔等，这些公司的创始人基本上都是在辍学之后创立了企业，实际上他们都冒了很大的风险。机遇性创业需要信心，需要思考我到底有没有能力创业这个问题。

根据全球创业情况汇总报告，创业信心和 PISA（国际学生评估项目）考试呈负相关，考试分数越高的国家或者教育系统，成年人创业的信心越少，比如日本、韩国、新加坡，这些国家在排名上基本都是垫底的。

教育范式改革的三个核心问题

“新的教育该怎么办”这个问题牵扯到三个问题：一是教什么；二是怎么教；三是在哪儿教。

真正的创业教育要有大的改变，就是课程要改变，课程要跟着学生走。教育的目的是让每个学生发挥自己的强项、追求自己的兴趣，而不是强加给他一种共通的所谓的知识和技能。

教学法的转变方向应该是即时性教学，是“以作品为导向的教育”，就是让孩子们每天做真实的作品，从做真实作品的过程中体会到作为一个创业者的责任，因为做真实作品的时候必须对作品质量负责。

对社会和个体有意义，这才是每一个创业者必须具备的。做一件事情必须满足一个需求，必须要解决一个问题，这同时也要求他真正具备发现问题的能力。通过每天做真实的作品，就会发现问题、找到解决问题的方法，会想到自己的独特性在什么地方，让学生知道寻求伟大和卓越而不是平庸。

最后是在什么地方学的问题。信息技术最大的价值有两点：一是帮助学生做真实的作品、做创造。苹果等智能手机上的多媒体包括摄影、摄像、制作、发布等，要拿过来用。二是让校园国际化，让学生每天都能和不同文化、不同国家的人做真实的产品，相互为对方服务。这是学习的环境，每个校园都应该达到这一点。

名家观点 | Experts' Viewpoints

程　实　盘古智库学术委员会委员，经济学者

中国需要培养适合国情的创客文化

中国不缺领跑全球的科研能力，不缺各种来源的充沛资金，唯独缺少堪比硅谷的创客文化。按照国际共通的成功经验，中国需要培养适合自身传统、民俗习惯和当前国情的创客文化。这种有中国特色基因的创客文化需包含四大要素。

一是随世而制。当前，中国崛起正经历一段艰难时期，三期叠加给经济可持续增长带来巨大压力，经济结构转型是走出困境的关键。在此背景下，创客所从事的事业已经不仅涉及个人抱负，更关系到国家未来发展。我们所处的时代需要一种更具责任感和使命感的创业氛围。

二是天人合一。现在中国创新创业孵化模式的短板在于机制活力还未释放，政府主导模式缺乏效率，资本主导模式缺乏规划。因此，迫切需要平衡全局力量，建立政府和市场共同作用的创新创业孵化机制，引导创客积极调动多元化的创意孵化力量，营造一种不唯上、不唯钱、只唯实的创业氛围。

三是海纳百川。如今的中国正在变成一个全球化大国，“一带一路”和人民币国际化等进一步拓展了中国对外开放的广度和深度。这也要求打开中国创客的眼界，提升创新创业格局，积极打造面向全球、融入世界、引导潮流的创客文化。

四是亲诚惠容。创新创业涉及的资源投入种类越来越多、规模越来越大，单枪匹马完成创意孵化的成功率越来越低。只有发扬中华文化包容并蓄、共生共荣的优秀传统，培育以合作共赢、互助互利为主题的创客文化，中国的创新创业才能快速开创出“大场面”。

杨　斌　清华大学副校长

创业教育的目标是对育人树人的改革和发展

推动创业教育所带来的实际效果，绝非缓解就业压力这么简单、直

接、短期。创业教育的目标不是帮助学生开办公司，而是着力于培养具有开创性的人，培养首创精神、冒险精神、独立意识、创业能力以及挑战现状并创造性地解决问题、满足需求的本领。创业教育，其实是激发了真正内生的学习兴趣并创造志趣的。从这个意义上来说，创业教育的目标超越了就业补充和替代，是对育人树人的改革和发展，让青年人的精气神儿发生了质的变化，兴国就有了长期的保证。

创业教育还会丰富和完善高校教师的概念。谁能教创新创业？国务院文件专门明确，“允许高等学校和科研院所设立一定比例流动岗位，吸引有创新实践经验的企业家和企业科技人才兼职。试点将企业任职经历作为高等学校新聘工程类教师的必要条件”。这开启了一个重要的制度可能。这种制度性的改革，将可能打通产学界限，通过实践育人并提高专业学位人才培养质量。

如何统计和评价高校的创业教育成果。我们应当把育人放在首位，树立正确的创业教育观，建立广义的、包含性的创业教育、创业氛围和创业参与的概念，要衡量一些无法量化的创业教育成果，避免以毕业时学生开办公司作为创业成果统计指标的偏向。这种评价偏向会成为一个有害的指挥棒，影响校长、教师们和学生们的行为动机。

张啸林　深圳市企业创新发展促进会秘书长

不要把“创客”，变成“串客”甚至变成“客串”

推动“大众创业、万众创新”，需要的是创客们从身边的、具体的、无处不在的创新做起。结合到现实企业的转型升级，创新的植入，不应该是口头上“高大上”的“言”，而是脚踏实地的“行”。从企业现有的产品或服务，从工艺、管理、产品、质量、文化等各个方面系列创新、集腋成裘，以求达到从量变到质变的目的，从而实现创新发展的目标。

以创新推动创业，以创业带动就业。深圳亟须全面提高整体创客的创新技能、训练和掌握创新方法、践行创新实务，全面培养有“创客征”“创客症”的创客群体，要“把创新精神像基因一样植入到每个人的血液里”；尤其是要挖掘、培养、孵化以非职务发明人为代表的“创将”群体；非职务发明人，是最具有创业愿望、最能够成为身先士卒、一马当先的创业“创将”。

创新无处不在、无时不在、无所不在；创新，要敢于挑战权威、敢于“弄斧到班门”。否则，就不是创新，是模仿，甚至是“山寨”。创新，以企业目标为导向、以市场需求为导向、以方便生活为导向、以解决问题为导向、以利润实现为导向。

城市专车：放还是禁

04

KEEPING THE
MINUTES OF CHINA
WITH THOUGHTS

主题文章

张国华　攻克出租车业管理中的计划经济思维堡垒

刘建丰　经济学视角下的出租车和专车的竞补关系

延伸阅读

顾大松　监管创新需要合作治理思维

郑　磊　专车去留交由市场决定

“澎湃新闻”社论　私家车为何不能做专车

名家观点

傅蔚冈　朱　巍　于　剑

主题文章 | Key Articles

攻克出租车业管理中的计划经济思维堡垒

张国华

核心提示

对于专车这种新兴的交通服务类型，不应该再按照计划经济的思路规定什么是专车，什么车、什么人可以从事专车业务，只要保障乘客安全、价格公平、服务质量，“不确定性”的内容交给市场决定就好。出租车的改革，政府要保障市场高效、提高人民生活水平的“确定性”，而将参与主体、商业模式等“不确定性”交给市场。

2015年5月7日，浙江省义乌市出台了《义乌市出租汽车行业改革工作方案》，其中最引人注意的有三点：一是不再管控出租车数量，二是逐步取消营运权有偿使用费，三是引进专车服务。这标志着饱受诟病的出租车行业的改革序幕在义乌拉开。5月18日，国务院转批发改委《关于2015年深化经济体制改革重点工作的意见》，提出出台深化出租汽车行业改革指导意见。

同时，由上海市交通委、上海四大出租汽车企业和“滴滴打车”三方共同参与的“上海出租汽车信息服务平台”于6月1日正式上线运营。这意味着在上海或将在全国率先对第三方打车软件进行规范管理。由于我国城市的规模、面临的制度环境与经济基础各不相同，参考“长三角”经验诚然有意义，但更重要的是从自身现实出发，处理好出租车市场“确定性”与“不确定性”的问题。同时，充分利用“互联网+”带来的机遇，通过现代技术手段，在最小投入和对市场最少干预的情况下，实现对出租车服务安全和质量等方面的监管，实现出租车的市场化

张国华
国家发改委城市中心综合交通研究院院长

改革。

现行出租车管理体制的由来与弊端

探讨出租车行业的改革，首先应明晰现有出租车行业管理体制的由来。

我国的出租车行业在诞生之初，由于出租车行业道路资源的稀缺性、消费的约束性、交易的一次性和服务的非后效性等特点，消费者无法充分获取出租车服务的相关信息，其乘车安全、获取的服务质量都无法获得保障，所以通过自由放任的市场经济方式无法实现资源的最优配置。

可以说，对出租车行业的管制，一方面是对由于行业特性而造成的“市场失灵”的一种矫正，另一方面是对这种在我国被定义为“辅助性的公共交通工具”所提供服务的质量进行监督和保障。出租车市场管制的出发点无疑是好的，但管制造成的行业垄断却带来了诸多问题。

高额垄断收益降低了市场效率。出租车管制对市场最严重的扭曲，无疑在于数量管制和严格的准入审核造成的出租车公司的垄断运营，而这带来了高额的垄断收益。这样的垄断收益首先没有被政府分享。其次，没有被出租车司机分享，而消费者还要为出租车行业的垄断埋单。出租车行业的垄断收益几乎完全由市场的中间环节——出租车公司所占有，造成了出租车市场中政府、司机和消费者“三输”，出租车公司“一赢”的局面，损害了市场供需双方的利益。

垄断经营带来的另一个严重的问题是“黑车”泛滥。虽然政府明令禁止“黑车”，且对“黑车”有着较严厉的惩罚措施，但依然无法阻止“黑车”的出现和发展壮大。在许多大城市的郊区，“黑车”已成为事实上许多居民出行的必然选择。“黑车”之所以屡禁不止，归根结底是居民的出行需求无法被出租车满足。“黑车”是市场对需求的自发反应，却带来了交通管理、公共安全等多方面的问题。

应将市场的“不确定性”交给市场

改革开放以来，我国交通运输服务业从计划向市场的转变思路是明确的，但出租车行业发展至今，展示出来的却是一副高度计划的景象：政府确定出租车数量，确定价格，再由政府指定的出租车公司运营。这一切计划的结果便是当下弊病丛生的出租车市场。

归根结底，市场经济要真正发挥效用，让“看不见的手”实现资源的有效配置，需要的正是“不确定性”——市场上应有多少供给、产品在什么价格出售等问题，不应该被政府确定下来，因为确定了，生产者就没有了创新、提高效率的动力。

如果出租车司机不能通过更好的服务获得更高的收益，并且更坏的服务也不影响其收入，必然没有司机会主动提高服务质量。而不确定意味着风险，即被更优秀的企业淘汰的风险，这样每个企业都会有充分的动机通过提高质量、降低成本、创新商业模式等多种方式在市场中存活下来，而这种行为本身也将带来消费者福利的增加、资源利用效率的提高。从这个角度出发，出租车的数量、价格管制、营运权有偿使用费都应该放开，让市场参与主体确定。

同理，对于专车这种新兴的交通服务类型，不应该再按照计划经济的思路规定什么是专车，什么车、什么人可以从事专车业务。只要保障乘客安全、价格公平、服务质量，“不确定性”的内容交给市场决定就好。

而更深层地看，再区分出租车、专车都是没有必要的，未来说不定还有“出租车 2.0”“专车 +”的出现，政府没法、也没有必要在每一个创新服务出现后都出台一套专门的监管机制。地方政府应该秉承李克强总理强调的“法无禁止即可为”的精神，只要不被法律禁止的都是合法的，只要能达到规定的交通运输服务质量标准即可上街载客。这样，“黑车”的问题也将迎刃而解。

在市场化的出租车市场，判断“黑车”与否的关键不在于车辆和司机，而在于服务。服务是“白”还是“黑”，服务是否公开、公平、合理，这才是出租车市场的关键。

政府应保障市场的“确定性”

市场的“不确定性”交给市场，那么什么是市场的“确定性”呢？出租车行业革新所带来的“确定性”便是资源配置效率的提高，市场参与各方效用的增加。

例如，以“滴滴”为代表的移动互联网打车软件有效地改变了出租车市场的信息不对称、交易一次性和服务的非后效性等特点，对乘客和司机双方的利益都提供了有效的保障。同时，互联网专车服务的出现极大地缓解了许多大城市出租车供不应求的问题。再次，大量的闲置小汽车资源被利用起来，在满足居民出行需求的同时，减少了私人购买小汽车的需求，对缓解城市交通拥堵、减少空气污染作出了积极的贡献。这样的“确定性”政府应该保障。

针对专车服务存在的交通事故理赔纠纷、服务质量等方面的问题，政府应该做的是通过相关的法律法规的出台，让纠纷的解决有法可依，让服务质量有标准可循，从而帮助这样一种为乘客、为城市带来诸多好处的交通服务创新做得更好。

我国改革开放的成功经验告诉我们，改革的道路从来都不是自上而下的顶层设计铺出来的，而是来自于基层、一线的地方政府、企业和人们为解决问题、突破困境一步一步走出来的。面对出租车这样一个有着强势既得利益集团的垄断行业，打破垄断，开放市场的改革已刻不容缓。地方政府不应当等待上级政府的指示、观望政策的导向而裹足不前，而应以满足人们提高生活质量的诉求为己任，勇敢地迈出改革的步伐。

在中国社会经济发展进入新常态的当下，创新驱动成为国家发展的主动力。创新不是政府管理出来的，而是由个人、企业、非政府机构在公平、公正、公开的市场环境中通过竞争创造出来的。只有给市场以充分的空间，才会有更多的创新问世。所以，出租车的改革，政府要保障市场高效、提高人民生活水平的“确定性”，而将参与主体、商业模式等“不确定性”交给市场。

经济学视角下的出租车和专车的竞补关系

刘建丰

核心提示

专车与传统出租车的主要差别在于，前者是一个新技术条件下实施弹性竞价机制的约租车。专车一方面能弥补传统出租车分布不足等弱点；另一方面也产生了对于出租车的竞争。除现有措施外，大力提倡“新技术条件下的高峰期合乘”，或许是个能缓解部分问题的较好办法，也是提高整个城市交通系统效率的一种方式。

2015年6月1日，上海出租车信息服务平台上线，出租车企业与“滴滴打车”实现全市出租车行业的信息互通、资源共享。6月2日，北京市交通委、运输管理局等三部门共同约谈“滴滴专车”平台负责人，明确指出“滴滴专车”及“滴滴快车”业务违反现行法律法规之规定。此前，交通部及各地方均明确表示禁止“专车”运营模式。与此同时，持不同观点的各方在各大媒体、网站展开了激烈的口水战。本文试从经济学视角理性考察出租车和专车的竞补关系及发展前景，以期有助于破解城市公共交通管理难题。

出租车是准公共品

首先谈传统出租车。在刑法和保险赔偿上，出租车都被认定为公共交通工具。由此可见，传统出租车具有一定的公共服务属性。

从公共经济学角度来看，政府确实有必要对出租车进行一定的管制，以确保公共服务需求的满足和公共秩序的井然。比如，需要对出租车价格设置一定上限，以确保普

刘建丰
上海交通大学中国发展研究院现代金融研究中心在职博士

通市民有能力消费这项服务。而如果对出租车价格进行上限管制，需求将大于供给，就有必要对出租车进行数量下限管制，以防出租车供给数量过少。与此同时，政府应给予出租车公司适当财政补贴以保证其盈亏平衡。然而，现在的做法似乎相反，特许经营产生的结果是数量上限管制，这就造成了一定程度的垄断和出租车数量的相对不足，被市民、专家诟病的若干问题都由此而产生，比如出租车牌照高价值和司机上缴高额“份子钱”等。

然而，传统出租车不是一个完全的公共品，而是一个处于私人品和公共品之间的准公共品。一般认为，准公共品和公共品的区别在于，前者可以部分由私有部门提供，而后者不是。还有，在行政法上也找不到出租车是公共交通的相关条款。

从空间经济学角度来看，传统出租车在服务的空间满足方面也存在严重不足。出租车司机的理性选择是避开地广人稀的市郊区、城郊接合部以及拥挤人密的高峰期市中心区，到人员密度适中、交通顺畅的区域运营。显然，解决出租车和用户数量空间分布不均、不匹配等问题，靠每时每刻监控每位出租车司机的位置并强迫他们进入那些区域是行不通的。当前市场上打车软件平台支持下的移动互联网预约车（俗称“专车”）的出现，刚好填补了这一不足。此外，专车的出现也一定程度上弥补了特许经营和数量上限管制造成的出租车数量不足带来的问题。

弹性竞价之辩证观

互联网专车的主要优点在于其弹性竞价。所谓弹性竞价，是指利用打车软件平台的搜索功能，在一定区域内，专车司机和用户能相互（或单向）搜索位置，然后根据该区域内专车和用户的数量等信息在网上进行动态讨价还价，使用户的用车需求得以满足。在这种新技术条件下，专车司机会在价格杠杆引导下进入出租车供量不足的区域，离开车辆供应过剩的区域。这使得专车和出租车的总数量与用户在整个城市空间中实现相对动态平衡。而传统出租车的确定性定价模式无法做到这一点，司机和用户之间不能讨价还价。专车与传统出租车的主要差别在于，前者是一个新技术条件下实施弹性竞价机制的约租车。

一些较谨慎的专家反对弹性竞价的理由是，如果司机单向搜索到附近用户的数量等信息，而用户搜索不到附近专车信息，司机能利用信息优势进行垄断定价。诚然，若是一次性报价，这有一定的道理。但是学过博弈论和拍卖理论的专家都知道，如果这是一个多次讨价还价的动态博弈，在这个过程中，根据贝叶斯法则，司机的这些信息将会被用户推测到，司机因此会失去信息优势，双方会达到都比较满意的次优或最优均衡结果。还有，在移动互联网技术条件下，网上专车竞价过程几乎不会耗掉太多的时间成本。

专车的主要不足也在于其弹性竞价。因为实行弹性竞价的专车是私人品，因此，互联网专车不能公平地保证市民出行的公共服务需要。事实上，目前专车大多数是以满足市民的较高档需求而运营，所以专车不可能完全代替传统出租车。但是，因为专车的定价机制灵活，在这种竞争中，传统出租车可能会处于劣势。要处理好它们之间的矛盾，需要找到平衡的解决办法。一种可行的办法是，在机场和火车站等公共服务需求旺盛和代表城市形象的区域，监管部门应严格禁止任何形式的专车进入揽客。这能部分弥补传统出租车的竞争劣势，改善机场和火车站的出租车服务。另一种办法是，传统出租车在坚持原来确定性定价模式的同时，增加听证调价的次数，按一定规则及时调价。这些规则中可包括油价、CPI、GDP 增速等因素，在保证出租车充当准公共服务功能的同时，保证其在市场上的相对竞争力。

高峰期合乘的可行性

地铁和公交车能基本满足市中心区人口常态化出行需求，也是上班族进出市区的主要交通工具。但包括地铁、公交车、出租车等在内的城市交通系统，仍不能很好地解决高峰期市中心区车辆拥挤问题。因此，除现有的错开高峰期上、下班和行政命令单、双号出行两个措施外，大力提倡“高峰期私家车接入打车软件平台搞合乘”（或叫“新技术条件下的高峰期合乘”），或许是个能部分缓解这个问题的较好办法，也是提高整个城市交通系统效率的一种方式。

任何城市交通系统的外生增加方案均将产生新的成本。如新增专车将增加新买车的成本，为市中心区带来更多交通负荷量；新增地铁和快速公交等会增加非高峰期的闲置成本。所以，只能从现存的城市交通系统中找寻不增加额外车辆的内生解决方案，而“新技术条件下的高峰期合乘”正好满足这一要求。另外，合乘可以减少高峰期的交通负荷量，提高通行效率。随着交通负荷量的减少，城市交通事故总量也将减少，这也相对减少了未来城市交通系统建设和发展的部分压力与成本；汽油等能源消耗量也将减少，满足绿色和节能型城市交通系统的新要求。

举一个简单的例子：假设原来有20万辆白领驾驶私家车进出高峰期的市中心区，现在其中10万人改为“合乘”上、下班，这样就能减少10万辆私家车的使用。基本的城市公共交通系统还是由原来的地铁、公交车、快速公交、传统出租车等组成。“新技术条件下的高峰期合乘”的前提是对它们接入平台的时间和地点实行管制，它只是对原来城市交通系统的一个有益补充。

合乘私家车只是一个适用于交通高峰期的方案，如何防止其在非高峰期“化身”专车揽客，以致扰乱正常的传统出租车和专车市场，这是需要考虑的核心问题。事实上，在当前技术条件下，管理部门完全可以实施监管，如对合乘私家车接入时间规定为仅限城市交通高峰期，地点则仅限早高峰期到达市中心区、晚高峰期离开市中心区。相关部门通过打车软件平台对其进行监管，是高峰期合乘方式能有效实施的根本。

不过，高峰期合乘也会产生包括政府、司机、打车软件平台公司和乘客之间的风险分摊和利益分配等新问题。这并非社会总成本增加的问题，而是在社会总成本不变的情况下，各利益主体之间的风险和利益重新分摊的问题。通过法律和保险等制度的逐步完善，这些问题应该可以解决。“高峰期合乘”已自发形成。管理部门不妨设一个适当的过渡期，挑一个或几个城市现行试点，可行则推广，不可行则关闭。

延伸阅读 | Extended Readings

监管创新需要合作治理思维

顾大松

核心提示

作为“互联网＋交通”第一行动的“专车”创新，要想走得更远，确实存在不大不小的监管难题：“专车”系整合租赁汽车与代驾公司，由市场自发形成的产品，本来无监管政策，但因其涉及出行安全与市场竞争需要监管。因此，如何契合“专车”业务的互联网特性，实现对“专车”的监管，就成了当下“互联网＋交通”行动落地最为迫切的问题。

“互联网＋交通”的产物

交通主管部门与交通运输行业应当运用“互联网＋”思维处理“专车”问题。之前，交通运输部的“打车软件”在出租汽车上的运用，以及打车软件企业依托互联网思维推出“专车”业务引发的巨大争议时，积极运用了“互联网＋”思维，在两次关键节点上，均顺应市场创新与社会需求出台政策意见，为“互联网＋交通”行动计划在“专车”问题上进一步深化奠定了坚实的基础。

但是，“专车”业务大热之后，租赁汽车能否开展“专车”业务、私家车能否挂靠租赁公司开展“专车”业务的问题，又迅速成为社会的关注焦点，也引来各地交通主管部门的执法查处，甚至原来欢迎打车软件的出租汽车司机也通过卸载、停运方式抗议。在一片“专车”就是“黑车”的声音中，交通运输部于2015年1月8日指出，当前各类“专车”软件将租赁汽车通过网络平台整合起

顾大松
东南大学法学院副教授、南京市城市治理委员会办公室副主任

来，并根据乘客意愿通过第三方劳务公司提供司机服务，是新时期跨越出租汽车与汽车租赁传统界限的创新服务模式，对满足运输市场高品质、多样化、差异性需求具有积极作用。交通运输部同时也强调，各类“专车”软件公司应当遵守运输市场规则，承担应尽责任，禁止私家车接入平台参与经营。

交通运输部这一表态，使得“专车”这一市场创新产品，有了合规发展空间，也明确了“专车”发展的底线。也正是在交通运输部这一政策意见鼓舞下，“神州”“一嗨”等传统汽车租赁企业迅速推出“专车”业务，而“滴滴”“快的”基于发展“专车”产品的需要宣布合并，移动互联网领域的交通业务也创新不断，初现了“互联网+交通”的美好前景。也正是在这个意义上，人们将2014年称为“移动互联城市交通创新元年”。

待解的监管难题

但是，作为“互联网+交通”第一行动的“专车”创新，要想走得更远，却存在不大不小的监管难题：“专车”系整合租赁汽车与代驾公司，在法无禁止即允许思维下，由市场自发形成的产品，本来无监管政策，但因其涉及出行安全与市场竞争需要监管。因此，如何契合“专车”业务的互联网特性，实现对“专车”的监管，就成了当下“互联网+交通”行动落地最为迫切的问题。

首先，应当区别“专车”、预约出租汽车与巡游出租汽车采取的监管措施。2014年9月30日颁布、2015年1月1日生效的《出租汽车经营服务管理规定》（交通运输部2014年第16号令）中，增加了区别于传统巡游出租汽车的预约出租汽车类型。据此，预约出租汽车与传统巡游出租汽车的区别主要有三方面：

一是在规定地点待客，提供预约服务，不能提供巡游揽客服务；二是服务费用可以约定，而非只能由政府定价；三是车身颜色与标志可以区别于巡游出租汽车，即可以不设顶灯，不用统一喷涂车身颜色。

目前，市场上形成的、也得到交通运输部肯定的合规“专车”，系推出“专车”业务企业整合租赁公司租赁汽车与代驾公司驾驶员，或者是汽车租赁公司同时开发“专车”软件，整合自有租赁汽车与代驾公司驾驶员而形成的，以预约用车为核心特征的创新服务。

因此，市场上的“专车”与交通运输部16号令中预约出租汽车的基本特征存在一致性，可以将“专车”称为“体制外的预约出租汽车”，预约出租汽车称为“体制内的专车”，两者之间主要的区别在于，是否发放许可证。

但不论是“专车”，还是“预约出租汽车”，均以预约用车为基本特征，与传统的巡游出租汽车存在质的区别。讨论“专车”的监管问题，应与传统巡游出租汽车明显区别。

其次，应以行政审批改革精神为指引，注重对“专车”采取事中事后监管措施。传统巡游出租汽车与“专车”、预约出租汽车有着本质的区别，因此，“专车”的监管问题重点在于处理与“预约出租汽车”的关系。

根据《行政许可法》第八十一条规定：“公民、法人或者其他组织未经行政许可，擅自从事依法应当取得行政许可的活动的，行政机关应当依法采取措施予以制止，并依法给予行政处罚。”需要许可的预约出租汽车与市场已经形成的“专车”在特性上基本一致，但后者却未取得主管部门发放的行政许可，是否因为城市已经发放预约出租汽车许可证，就要依上述许可法的规定禁止“专车”呢？

目前，我国正在开展深入的行政审批改革，全面取消非许可审批，大力取消和发放行政许可事项，体现了中央政府推动简政放权，释放市场活力的决心。预约出租汽车许可作为交通运输部16号令中明确的行政许可，在形式上源自国务院2004年412号令《国务院对确需保留的行政审批项目设定行政许可的决定》第112项，即由县级以上地方人民政府出租汽车行政主管部门实施的“出租汽车经营资格证、车辆运营证和驾驶员客运资格证核发”。但因其预约用车性质，与传统巡游出租汽车存在着较大的区别，继续援用传统巡游出租汽车监管方式对其实施准入监管仍然存在较大困难。即使16号令施行已有半年左右，也没有城市正式开展预约出租汽车许可（2014年11月7日，广州市只是召开预约汽车运力投放听证会）。

因此，有必要以行政审批改革精神，在市场上已经出现类同于16号令预约出租汽车特性的“专车”产品时，不再实施16号令下的预约出租汽车的准入许可，以避免两类同一性质的预约用车的法律冲突，进而侧重对“专车”采取事中事后监管措施。

最后，应以合作治理思维推动对“专车”的监管创新。当城市交通主管部门不再对预约用车实施准入监管时，是否意味着对“专车”就放任不管呢？交通运输部1月8日在肯定“专车”创新的同时，明确私家车不得接入“专车”平台的要求又如何实现呢？这的确是摆在前期运用“互联网 +”思维鼓励“专车”创新的主管部门面前的难题，也是当前迫切需要处理的问题。

事中事后监管与自我监管

2015 年 2 月 11 日，国务院常务会议在部署推进标准化工作改革措施时，提出：“鼓励学会、协会、商会和产业技术联盟等制订发布满足市场和创新需要的团体标准，选择部分领域开展试点。允许企业自主制定实施产品和服务标准，建立企业标准自我声明公开制度。”国务院这一标准体系改革要求，实际上揭示了政府部门、市场企业与社会，依团体标准、企业标准开展事中事后监管与自我监管的改革方向。

实际上，推出“专车”产品的一些企业，已经开始自行公开“专车”产品企业标准，展示了接受社会与政府依企业标准开展监管的积极态度。因此，主管部门可以在企业标准或企业间联盟标准的基础上，紧紧围绕企业是否依自定标准开展“专车”业务的事中事后监管，即对信息时代的问题采取信息规制方式处理。

基于移动互联网技术在“专车”领域的突出优点在于对信息不对称的改变，因此有必要重点使用信息规制工具开展“专车”的监管创新：

一方面，强化推出“专车”产品企业向主管部门提供信息的义务，不仅是“专车”车型、驾驶员信息、价格标准等要公开，同时应包括约车人对“专车”服务的投诉信息，企业的投诉处理结果信息等。另一方面，主管部门在掌握企业上述信息的情况下，在依法保护企业商业机密与乘客个人隐私信息的同时，通过监管部门的信息公开机制，将企业未能依自定标准履行“专车”服务承诺等事实，公之于众，让社会选择“专车”产品，进而实现互联网时代“专车”产品的信息规制转型。

专车去留交由市场决定

郑　磊

核心提示

出租车车源不足时，专车的加入，满足了市民交通出行需求的同时，还提升了行业的服务水平。这半年来，专车数量迅速增长和受到欢迎，正是因为其确实满足了市民的需求。互联网技术使得汽车资源得到了更充分利用，有助于解决停车难、道路拥堵、汽油浪费、尾气排放等城市难题。当使用资源变得如此便捷，拥有资源就变得不再重要。

专车便利的个人体验

我居住的地区，位置偏、居民少，公交车选择少、车次频率低，每次出行有很多时间都花在等车上，遇到急事时更是着急。路上的出租车也很少，需要电话叫车，但在高峰时段，电话也叫不到车。所以当时我只好要了一些黑车的电话，但急需用车时，黑车司机正在接另一单活，无法及时赶来。这样，我就下决心买了私家车。但新的问题又来了，油费、保养、保险、小区停车位等费用是不小的开销，路不熟、停车难、堵车、违章等也是一大堆麻烦和花费，而且有时忙了一天还要开车回家，即使困得不行，也只能强撑着开车。

自从2014年打车软件盛行之后，叫出租车变得比过去方便很多，但在高峰时段，也仍然叫不到车。第一次叫专车是在一个下雨天的傍晚，当时搬着一件家具，要从徐家汇穿越整个市区到杨浦区。先是用打车软件叫了两遍，都没有出租车接单。我着急回家，就试用了“滴滴专车”软件，软件上提示价格会比出租车稍贵，很快就来了一

郑　磊
复旦大学数字与移动治理实验室主任

辆别克商务车，车型车况都出乎我的意料。上车后，司机告诉我，他白天被一家公司包车，现在刚下班，家就住在杨浦，这一单正好同路。以前都是空车回去，现在有了专车，他就可以回去路上再带个人。

我一般是在高峰时间、下雨天、音乐会散场或在外地对交通不熟又打不到出租车等情况下叫专车。有时因为路途近，使用必须输入目的地的"滴滴专车"也叫不到车，这时有朋友又向我推荐了不必输入目的地就能就近匹配车辆的"优步"。

专车的档次普遍高于出租车，司机各行各业都有。有一次碰到的车主曾是五星级酒店的厨师长，现在是西餐研发和培训专家。他组织了一个专车司机群，发布消息，互帮互助，还会线下聚会。他告诉我，专车司机里各种人都有，甚至还有警察和税务局的。还有一次，车主是环保行业的企业老板，上车后便主动自我介绍，说开专车主要是想认识一些人，还确实结识了一些生意上的合作伙伴。此外，还碰到过公司白领、古董店老板、IT 创业公司老板、银行管理人员在做专车司机的。在我所坐过的"优步专车"中，类似这样的专业人士兼职做司机的占大多数，受教育水平高，在聊天中常能有非常有专业深度的对话，而在"滴滴专车"司机中，则专职司机较多，服务水平也大多高于出租车司机。

这两年由于打车和专车软件的兴起，随时随地叫到一辆车变得如此容易之后，我自己开车出行的次数已大大降低。随着租车的便利度不断上升，我甚至觉得买来的车有些多余了。

专车模式的社会价值

亲身体验让我看到了专车模式带来的社会价值。2014 年兴起的打车软件虽然解决了出租车资源的有效配置，但并没有解决出租车在高峰时间运能不足的问题。打车软件刚兴起时，老年人打不到车的问题，表面上的原因是由于老年人的信息化应用能力弱，但根本原因还是因为在特殊的时段和地点，出租车数量无法满足市民的出行需求。而当街上有大量市民需要用车时，路面上小汽车虽然排成长龙，但很多车里却只坐着一位司机。

专车软件正好解决出租车供不应求的问题。当大量市民急需用车，出租车车源不足时，专车的加入，满足了市民交通出行的需求，还提升了行业的服务水平。这半年来，专车数量迅速增长和受到欢迎，正是因为其确实满足了市民的需求。

更重要的是，这些专车并不是出租车公司专门购买投入的，而是利用了社会上的闲置车辆资源。这些专车过去可能长期停在车库里，未被充分利用，或是虽行驶但车内除了司机就没有其他乘客。互联网技术，使得汽车资源得到了更充分利用，有助于解决停车难、道路拥堵、汽油浪费、尾气排放等城市难题。当使用资源变得如此便捷，拥有资源已变得不再重要了。如果专车模式的发展，能使更多人选择不再自己购买车，而只在需要时使用别人闲置的车，比每家每户都买车却大部分时间都将其停在车库里，是更环保可持续的发展模式，也比公司专门购买一批汽车作为出租车更节约。这种“重使用、轻拥有”的共享经济模式，甚至会使拍牌、摇号这些用以控制汽车总量的政策不再必要，城市管理中面临的许多问题，可能迎刃而解。

有人担心，大量专车上路，将进一步占用道路资源，加剧堵车现象。这种担忧没有通盘考虑到私家车、专车和出租车之间此消彼长的关系。坐专车的人，可能原本是自驾出行的。我也曾问过专车司机，他们一般在什么时段和地点选择上路，他们的回答基本是相同的，就是在有人需要车的时间和地点，而又不是路最堵的时候。当供不应求时，更多的专车会进入市场，但如果路太堵，汽油和时间成本抵不上收益时，或当供大于求接不到生意时，他们就会回家休息。市场这只无形之手在进行调节，而互联网所带来的信息透明，使过去受到束缚的这只无形之手如虎添翼，而专车司机也借助互联网作出了理性选择。

不能再沿用旧思维专车管理

政府不应再以计划经济的思维设定和限制专车的数量。关于多少数量是合适的，在过去的技术条件下，政府部门所设定的数量只能进行粗放式、一刀切的总量控制，但其实在不同时间、不同地点和不同情况下，多少数量最合适是动态变化的。在现有的信息技术条件下，信息不对称得到了很大缓解，政府部门应积极探索通过市场之手调节总量，而不是回到计划经济的方式。即使要进行数量控制，也应该对出租车、私家车和专车等各种类型的小汽车通盘、动态控制，不能出租车数量不变，而只控制专车，否则，对新业态发展有欠公平。

还有人担忧，专车的兴起将使大量市民不再乘坐公交车，转而乘坐小汽车，而小汽车远比公交车耗能，这不利于绿色出行政策的推行。其实，专车和公交是两个市场，专车即使再便宜，价格也远远高于公交，叫专车的这些市民，之前更多是乘坐出租或自驾出行的。如果叫不到专车，他们就会自己开车或叫出租车，而不是乘坐公交。而原本主要以乘坐公交出行的人，除非在特殊和紧急情况下，并不会因为专车的出现，而不再乘坐公交。在专车出现之前，自驾车的数量呈越来越多的趋势，也表明了即使没有专车，市民在经济条件允许的情况下，也会追求更舒适便捷的、门到门的自驾出行。

专车模式真正会冲击的是出租车。但即使这样，出租车和专车之间仍然可以形成差异化竞争。出租车做好基本的低价市场，专车则主打中高端市场。专车模式还将对出租车垄断经营模式形成冲击。长期垄断经营的行业往往会失去改进服务不断进步的动力，专车模式这条鲶鱼有助于推动整个行业的改革。

人追求舒适便利的本性是压制不了的，要疏，而不是堵。要探索一种既尊重个人的本性，又能保障共同体利益的新机制，新技术提供了这样一种机遇。更要包容多种模式，供市民基于自身情况各取所需，而不是逼着别人只能选择一种模式。

当然，专车这种模式也确实存在各类安全隐患，车辆安全状况如何？司机驾驶记录如何？万一出现事故，没有保险怎么办？政府管理部门可以允许私家车参与运营，不过也要制订标准，守住安全底线。比如，私家车司机需要考取级别更高的驾照，在驾龄、驾驶记录上也要有所要求，确保司机的驾驶技术和乘客的人身安全，并充分利用移动互联技术和大数据技术，在事中事后加强安全监管。私家车参与运营，也应该守法交税，这对其他类型的司机来说是一种公平。这些底线，就是政府在管理专车时该列出的负面清单，而制订这些底线的出发点是公众利益，而不是行业利益。这些底线之外，应让市场在汽车资源的配置中起决定性作用。

在过去的技术条件下，信息不对称的问题无法解决，由此导致市场失灵，成为政府规制干预的理由和条件。现代移动通信技术的发展已经大大缓解了信息不对称的问题，过去基于信息不对称建立的管制手段、甚至管理理由都已不合适或不成立了。政府治理手段需要在新的信息技术环境下转型和改革，而不是用旧办法限制新技术的发展和应用。

私家车为何不能做专车

“澎湃新闻”社论

核心提示

私家车变身为出租车有着非常高的门槛，一定程度上，高到不可逾越。而移动互联网的野蛮生长，直接破坏了已经固化的出租车管理模式和利益格局，威胁到了门槛的高度。

“考虑到安全问题，私家车不能参与（专车）运营。提供软件预约服务的车主，必须要有出租车运营证。”这是2015年两会期间，交通运输部部长杨传堂就私家车参与专车运营的官方表态。

杨传堂的这番表态，在此后的传播之中，简化为“私家车不能参与专车运营”，其前置条件“考虑到安全问题”则被有意无意地遗忘。如果认真琢磨杨传堂的表态，言下之意应该是，如果有出租车运营证，且能够解决安全问题，私家车能不能参与专车或出租车经营，根本不是问题。这样的意思，传达出市场开放的善意。

事涉公共利益和公共安全，私家车的确不能直接参与公共交通。所以，作为一个车主，第一步得解决私家车如何才能拥有出租车运营证的问题。这个问题不解决，安全问题就是无稽之谈。

那么，是否存在一条将私家车的性质改变为运营车的便捷通道呢？也就是说，当一辆私家车取得出租车运营证，变身为出租车，并且解决了安全问题，是否就可以上路做买卖了呢？

这个通道一度是存在的，而且相当便捷。早年的很多出租车就是这么来的，但如今不行了。首先，多年来，拍卖出租车运营权成为很多地方政府的财政收入之一，因此，私家车要成为出租车，必须准备好一大笔购买运营权的费用。其次，之前通过各种方式取得运营权的法人和自然人，一方面与政府有协议，不能再行增加运营证额度，另一方面也极不愿意有新的加入者瓜分市场份额。他们通过游说，完全可以阻止运营权份额的增加。

这样的利益格局，使如今很多城市的出租车数量与城市人口增长数量严重不匹配，为不合法的出租车——“黑车”留下巨大的地下市场空间。如今，私家车性质的专车被视为“黑车”，在一些地方遭到“清剿”。事实证明，传播者并没有对“私家车不能参与专车运营”发生理解和预判上的错误。

私家车变身为出租车有着非常高的门槛，一定程度上，高到不可逾越。而移动互联网的野蛮生长，直接破坏了已经固化的出租车管理模式和利益格局，威胁到了门槛的高度。

从计划经济走出来的中国职工，吃过单位食堂的大概都有这样的经历：职工人数越来越多，窗口排队时间越来越长，有的因为食堂的饭菜越来越无法满足其味蕾……而随着改革开放，单位附近的小饭店如雨后春笋般越来越多，食堂窗口排队的人便越来越少。

在这一过程中，单位食堂熬不住，质疑小饭店营业资格、卫生标准是否达标。政府听到的呼声大了，就隔三差五来地抽查卫生、税收、消防等，只要是涉嫌违规违法经营，便不由分说地开具罚单。但街头小饭店并没有因此减少，反而越来越多。

今天那些私家车性质的专车，正在重复着昨天从大食堂到遍街小饭店的故事。

名家观点 | Experts' Viewpoints

傅蔚冈　上海金融与法律研究院研究员

要让乘客重新回到自己车上

近段时间以来，国内不少城市出现了出租车司机和专车司机的纠纷，甚至是有肢体接触。为什么此前对“黑车”几乎熟视无睹的出租车司机这么痛恨专车？最为直接的原因在于此前的“黑车”尽管数量庞大，但并未真正威胁出租车的正常运营，而今天的专车则影响了他们的收益。专车刚问世时，与传统出租车“河水不犯井水”，因为专车针对中高端客户，而出租车则是针对普通市民。但专车通过简单粗暴的抢红包送券等活动，吸引了一大批原来乘坐出租车的乘客；快车等服务的出现让出租车无法抵抗。因此，专车服务在短短几个月内席卷全国。

专车通过更为优质的服务和更有竞争力的价格，让很多乘客死心塌地地喜欢上它，从此把出租车抛到一边。如果说以前的“黑车”可以视为对出租车的有益补充——因为“黑车”都是在外围活动，但专车服务却是直接抢了出租车的饭碗，这自然会引起出租车司机的不满。

很多乘客之所以选择专车，还有一个更为重要的原因就是，此前很多出租车的服务实在过于恶劣。就此而言，出租车司机要让乘客重新回到自己车上，所要做的并不是和专车司机肢体接触，而是通过更好的服务获得消费者的芳心。否则，即便专车因为没有营运证而被取缔，乘客也不会因此回到出租车上，市场还会出现其他替代服务，如现在逐渐走红的拼车软件即是一例。

朱　巍　中国政法大学副教授

互联网创新和既有监管方式冲撞的产物

济南“滴滴专车”司机陈超被认定开“黑车”罚款2万元后，因不服，起诉客运管理中心。这起被称为“专车第一案”的案件在济南法院开庭审理后，被告的行政主体资格和行政权限成为双方争议焦点。

专车是非之争由来已久，上升到诉讼层面的尚此一例。尽管此案是专车处罚行政诉讼之个案，但这极有可能成为专车之争的“分水岭”，也是“互联网＋产业”模式迎接挑战的一块试金石。公众心系此案，不只是希望在法律裁决个案上的定讼止争，更是希望它能为专车合法性困境破题，避免它继续游走在灰色地带。

实质上，专车在北美也是一种新事物，著名的优步（Uber）公司也曾面临政府禁令、钓鱼执法、出租车行业抵制等情形。它之所以能够在“逆境中”茁壮成长，不在于创办者锲而不舍的精神和雄厚的民众基础，而在于法律、政府等愿意趋从互联网大势。

因此，不管“专车第一案”判决结果如何，专车合法性问题都该被提到法治破题的层面。

于　剑　清华公共管理校友会理事、外企危机管理专家

应该由市场合理配置资源

在出租车抵制专车的同时，其实出租车司机还是享受到了科技创新带给他们的切实好处。比如“滴滴打车”降低了他们的空驶率，但是他们又不希望创新带来的竞争。潜意识里，出租车司机还是认为自己的地位高于专车，认为专车就是“黑车”，所以才希望借助政府的手扼杀掉专车。

专车之所以受到消费者欢迎，是因为它解决了消费者最头疼的打车难问题，特别是在上下班高峰期。面对出租车服务差、拒载严重等问题，专车其实是帮助政府解决了这个难题。而此时政府要做的，不是干预，而是引导社会资源配置。专车作为消费者欢迎的新生事物应该得到积极的鼓励。但是考虑到出租车司机的利益以及专车带来的社会边际效益，短期内应该以专车公司补贴一部分，政府补贴一部分的方式化解冲突。

长远来看，作为一个充分竞争的市场，应该由市场合理配置资源。政府要做的无非就是制订游戏规则，当好裁判，切莫因偏袒一方导致更大的混乱。

Society 社会

主题主编 杨兆敏

我们该如何教育孩子

“天网”已铺开，贪腐哪里逃

人工智能正在敲门

我们该如何教育孩子

01

KEEPING THE MINUTES OF CHINA WITH THOUGHTS

主题文章 | Key Articles

孩子，你必须学会输

李希贵

核心提示

如果一个孩子连学什么东西、如何学都完全按着家长说的去做，甚至全班的学生都变得完全一样，他永远也找不到自己。我们给学生留下的不应只是高考成绩，更重要的是“学会选择”。十一学校想给学生们留下的是两件事：“方向”和“动力”。教会孩子从“追求赢”到“学会输”，决定孩子一生的命运。木桶理论害了我们好多年，让人攒齐所有板，可能一辈子都做不到。

养成独立人格从学习自主开始

一个人必须有独立的人格、独立的思想，成为他自己。教育是要帮助孩子最终脱离父母和学校，自己去做事情。人格独立是一个很大的话题，在学校里做应该先从学习自主开始。

如果一个孩子连学什么东西、如何学都完全按着家长说的去做，甚至全班的学生都变得完全一样，他永远也找不到自己。十一学校的老师尊重学生的独立性和个性，比如，就有这样三个学生。

学生一：和老师摁手印、签学习“合作协议书”。

徐澄霄是个刚刚上初二的孩子，但他读的书连老师读起来都感觉有点累。他平常不怎么听课，而是大量地用APP，远远超出老师的教学流程。他关心这样一些事情：中国的教育均衡何时能够实现？亚投行的储备金是不是纳税人的钱？村上春树为什么总是无缘诺贝尔文学奖？奥巴

李希贵
北京十一学校
校长

马之后的美国会有什么变数？等等。

在好多课上，他跟老师都是“拧”着的，要是老师稍微严厉一点，他就会很难受，因为学习内容、进度、方式都不一样。于是，语文老师就率先和他签订了一个合作协议书，制订语文学习计划，并要求他考试成绩不能低于班级前五名，还让他在计划书上摁了手印。结果这个孩子学得特别好，远远超出老师的预期。

学生二：语文老师上课提问“不敢看她”。

谢安琪也是一个与众不同的学生，好多学科的学习都是跨越式的，和老师的教学流程根本不一样。

她读了大量的书，语文素养非常高。语文课上，老师提问时都不敢看她。一旦看她，她就要回答，一旦回答，这节课不管剩多少时间都归她了，而且她讲的全班同学都愿意听。于是，老师就给她量身定做了一套语文学习方法。她每天高兴了能写两三篇评论。语文老师就在教室外面给她搞了个专属于她的评论专栏，定期更换。

学生三：“讨论”成就的学霸。

王可心同学学习非常优秀，她在整个学习链条上只注重一个环节，就是讨论。她解决问题的方式是找不同的人讨论：当有一道数学题不会时，找人讨论；还不会，再找人讨论；还是不会，继续找人讨论，直到最终讨论出来答案。当然，她的讨论是有章法的：一般的题目、稍微难一点的和更难的，都得找不同的同学讨论。她已经形成了自己的讨论团队。

她的成绩遥遥领先，但对作业很不重视，时间久了，老师觉得成绩也很好嘛，作业不做也就不做了。

选择是在选择的过程中学会的

有好多朋友问我，孩子是出国上学好，还是在国内上学好？我说，你一定要弄清楚这个孩子将来要做什么。不同的未来决定到哪里上学，要做一个60年的规划来思考。

我们学校有200多个社团，初一的学生一进学校很容易眼花缭乱。无论怎么提醒，为不对学业构成冲突，社团最好选一个，最多选两个，但还是有一部分学生要选到三个、四个甚至是五个。

有人建议，把学校的社团数降到15个，叫孩子们没得选。我说不行，因为选择是在选择的过程中学会的。选了三到五个社团的孩子，很快就会发现，两个社团都是星期二下午五点开会，他要选择；三个社团总是要在星期四交规划，他交不了，两个月就崩溃了。于是，他开始理性思考到底想要什么。这是能伴随他一生的能力。

我们给学生留下的不应只是高考成绩，更重要的是“学会选择”。爱因斯坦说过：“当我们把学校里学的东西都忘掉的时候，剩下的才是素质。”十一学校想给学生们留下的是两件事：“方向”和“动力”。我现在最欣慰的是，学生高三报志愿时，家长没有话语权，老师的作用也不大，学生非常清楚自己要干什么。

刘蕴超获得国际物理竞赛亚洲赛区金牌。此前，在北京集训队八个名额中我们学校占了四个，他是其中一个，排第四。排名前三名的三位学生最后决定不去了，因为他们觉得金牌没什么意思。当学生找我说，决定不参加国际竞赛，我听了很高兴，因为他们已经学会了选择，这对他们一生都很重要。尽管这块国际金牌对学校很重要，但对学校最重要的还是孩子。

有了方向就有了责任，人生如果是一枚硬币，正面是选择，背面一定是责任。

教孩子从“追求赢”到“学会输”

顺风顺水时，往往看不出人们之间的差别，只有遇到挫败，才能看出人的伟大。全运会柔道冠军说过他的心得：训练的第一课就是要学会摔倒之后不受伤，首先必须不断被人打败，然后就会滚翻、用特定姿势确保倒下之后，伤不了自己。这是最重要的一课，我们也要教会孩子失败之后不受伤，在失败后看到光明。

白岩松参加了北京奥运会和伦敦奥运会的转播，他告诉我，在北京奥运会上，我们的运动员只会赢，赢了之后热泪盈眶，我们不会输。在伦敦，欧洲运动员都学会输，他们即使拿了靠后的名次，也都很开心，因为他们知道自己想要什么，在那个过程中已经有了收获。比赛只是整个过程中的一部分而已，并非全部。

教会孩子从追求赢到学会输，决定孩子一生的命运。

什么叫挫折教育？就是要让孩子在经受挫折的时候，知道有光明。为什么有些孩子跳楼？就是他经受挫折后，觉得完了，一败涂地了。人生不是这样。我们必须要让孩子知道，败了不要紧，败了一定还有光明在。但光靠说教不行，只有带他在一次次失败中，去寻找一线亮光，带他走出来，走三次后，他就知道挫折后有光明。

在十一学校，我们有一个学生创业的基地——松林书苑。这里会不断挂出“重新开业”的牌子。为什么？因为公司“死了”，“死了”后重新开张。

有人就说，你能不能派老师专门辅导下，别让它们垮了。我说不可以。因为一旦老师介入，就得按老师的想法做。而且我希望孩子的社团在学校都垮过一次，办个社团 3 个月、半年的，然后垮了，多好！人生重要的财富！比到社会上办公司垮了的成本低多了。

在十一学校，有个“道歉日”，10 月 12 日。这源于一个秋天，学校着急栽大树，可大树凌晨 12 点才拉到，当时就栽在学生公寓旁，工人没太注意，吵吵闹闹，有学生因此没睡好，他们当天晚上就给我发短信。第二天，总务处在学生的公寓楼贴了两封“道歉信”，向学生道歉。这一道歉，学生马上就变了，觉得自己也得道歉，不该这么计较。所以，这一天就成为学校的“道歉日”。

此后，老师不时的给学生道歉。比如，有一年校运动会上，有一个班经过主席台跳舞时，音乐弄错了，教导处老师为此写道歉信致歉。

我也经常给学生道歉。有次中国教育协会临时安排我到台湾去，但此前已和孩子们确定了未来两周安排在周一的“校长有约”共进午餐。怎么办？道歉，给所有学生写道歉信，取得大家的谅解，回来后再把“校长有约”补上。

当我们学会输时，孩子们也学会了输。

木桶理论害了我们很多年

木桶理论害了我们好多年，总是认为短板决定能盛多少水。但这个世界，短板是可以连接的，需要装水时，接一块板插上去就行了。让人攒齐所有板，可能一辈子都做不到。

当孩子有一短处时，家庭、社会和学校都急着做“补短”的事。其实，更重要的是，尽快发现孩子的长处。我有个亲戚的孩子，怎么都坐不住，不爱读书。后来发现他有一个长处，特别爱演讲，人越多越疯，讲得特别有条理。我就建议培养他演讲，带动他学习。因为演讲要举例子，要看伟人的故事。

发现孩子短处时，不要焦虑，一定要去找长处。某一方面有点成就的人，往往都有了不起的短处。一个家庭如果紧紧抓住孩子的优势，培养15年，什么中考、高考，都不在话下。关键在于我们不淡定、老摇摆、老怕输在起跑线，最终就真的输了，最终什么优势也没发现。

十一学校的教育年会有一届题目叫“唤醒心中的巨人”。5月20日就是我们的“唤醒日”。这一天举办了一个叫王晨瑀同学的个人画展，这在十一学校历史上也是比较重要的历史事件。他怎么就有资格举办个人画展呢？因为他画得好，现在已经到美国最著名的纽约视觉艺术学院深造。但这个孩子刚到十一学校时，数、物、化三门功课都很差，高一要结束时，他随便画了一个漫画，老师把这幅画挂在教室里，所有人都觉得这画特别棒。这是他第一次画画，而就这一次，他发现了自己画画特别厉害。画了一年后，他就考上了全世界最顶尖的艺术学院。

教育就是要找到孩子可以伟大的地方，让他在通往伟大的道路上行走。每一个孩子都可以伟大！

有个学生叫王桄正，上到初二的时候迷上了画画，希望走艺术之路，但他的爸妈特别想让他学经济。学经济需要学好数学，这个孩子就跟家长“拧”，并决定放弃数学学习，以断了家长的念想。老师发现后，就开始帮助这个家庭，给他开一个人的家长表彰会，让他家长发现他在艺术上的天分。这个孩子后来考到了芝加哥艺术学院。

有个叫许珂的学生，在初中时，认为自己数学不好。高一时，数学要分层学习，选择前有个测试，考到数学5时，她才发现了自己数学厉害：别人考90多分，她也考90多分；别人考60多分，她也考90多分；别人考20多分时，她还是考90多分。这时候，她才知道，原来自己数学这么厉害，最后选了最高端的数学5。

学生潜能的发现，不是靠眼睛，即使你拿着望远镜、显微镜，你也看不到，必须在选择的过程中，有体验和经历才行。社会、学校、家庭能否提供这些经历？英国著名作家肯·罗宾逊说过，“人的潜能犹如矿产资源，埋得很深，一般潜能是挖不出来的。”

育“人”而非育“才”

钱颖一

核心提示

知识的有用性，不仅仅体现在能够提高工作成效的工具性方面，还体现在塑造人的价值、提高人的素养、提升人的品位等丰富人生的目的性方面。真正的好学生，是“好学”的学生，是具有强烈好奇心的、好问且能问出有意思问题的，并且能够独立思考的学生。关于人的教育，应该包括人文精神的教育、人格养成的教育和人生发展的教育。

中国的家长或教师，对子女或学生的要求，大致认同如下教育观念：要学好知识，要学有用的知识，最终要成才。我想对此提出不同的思考。对这个教育观念中包含的三个基本问题，即“学什么”“怎样学”“为什么学”，从“有用”与“无用”，“学好”与“好学”，“人”与“才”说起。

“无用”知识的有用性

这个命题在 1939 年，由美国普林斯顿高等研究院首任院长弗来克斯纳提出。他发表了一篇文章，标题就是“无用知识的有用性”。

文章对认为马可尼发明的无线电收音机是最有用的发明提出质疑，认为麦克斯韦尔和赫兹的理论贡献更加有用。尽管麦克斯韦尔发表的电磁理论完全是抽象的数学、赫兹对电磁波实验的实用价值也毫不关心，但是，没有他们看起来毫无用处的发现，就不可能有后来马可尼的发明。

钱颖一
清华大学经济管理学院院长、经济学教授

举一个经济学的例子。哈佛大学马斯金教授因“机制设计”理论获得2007年诺贝尔经济学奖。这个理论的起源，是研究市场经济与计划经济在利用信息上的效率问题，是抽象的理论问题。后来，“机制设计”理论不仅被应用于市场中的拍卖问题，而且也被应用于诸如无线频谱等产权的拍卖，解决了移动通信行业中的非常实际的问题。

再举一个工程中的例子，这是乔布斯的故事。他在大学一年级辍学后并没有离开学校，而是听了一些自己感兴趣的课，其中一门是美术字课。这在当时看来完全是无用的课，但在10年后他设计电脑上的可变字体时发挥了作用。

以上三个例子告诉我们，对知识有用性的认识不能过于短视。我们心目中的“有用”，往往是指立竿见影式的马上有用。我把这种急功近利式的功利主义叫作“短期功利主义”，使得我们把知识的“有用性”局限在极其小的范围内。

短期功利主义在教育中很严重。比如，大学中人文类的专业和课程不受青睐。又如，学生在选课前总要先考虑这课对实习或找工作有什么用。可是另一方面，毕业10年、20年、30年的校友们，对他们在大学时期所上的课的评价，却与在校生很不一样。他们感到遗憾的是，当时学的所谓有用的课在后来变得如此无用；同时又后悔，当时没有更多地去学那些看上去“无用”但日后很有用的课，如一些人文、艺术、社会科学类的课。

但用长期观点来理解知识的有用性，仍然是把知识作为实现某种目的的一种工具。知识除了工具价值之外，还有内在价值。知识的有用性，不仅仅体现在能够提高工作成效的工具性方面，还体现在塑造人的价值、提高人的素养、提升人的品位等丰富人生的目的性方面。

“好学”比“学好”更重要

在中学阶段，“好学生”就是“学得好的学生”，而学得好就是学习成绩好、考试成绩好。中国的应试教育，使得学生磨炼出一套怎样学好的方法，可以概括为：文科靠死记硬背，理科靠大量做题。

进入大学后，“好学生”就不应该是这种类型的“学得好”的学生，而应该是“好学的”学生。“学好”与“好学”是两种完全不同的“学”的境界，“好学”远比“学好”更重要。“好学”是懂得怎样学的一种能力，这种能力中有若干要素，特别要强调“好奇”“好问”“好思”这三点。

“好奇”是科技创新和人类文明进步的原始推动力，是好学的第一要素，好学源于好奇。然而，我们发现，中国学生普遍缺乏“好奇心”。我进一步的猜测是，人生来都是有好奇心的，是后天的教育把原始的好奇心磨灭了。

“好奇”往往导致“好问”，而“好问”是质疑既有知识、探求未知的起点。但是，我们的学生不好问，也不会问。应试教育制度是不鼓励提问的：获得标准答案就能取得好成绩，而提出问题不仅对获得好成绩没有帮助，而且还有害，它让你不相信标准答案。

中国学生回到家里，家长会问：“你今天学到了什么新知识?”犹太学生回到家里，家长问的是：“你今天提出了什么好问题?”以色列著名作家阿莫斯·奥兹说：“怀疑和争辩是犹太文明的特征。这是一种怀疑和争辩的文化，一种解释、反解释、重新解释、反对性解释的开放式自由问答游戏。这是一种善辩的充满争论的文明。”全球犹太人总数只有1000多万，而获得诺贝尔自然科学奖的犹太人数以百计。这或许与他们的好问有关。

“好思”则是好学的核心。如何思考？不是人云亦云，而是独立思考。只有独立思考，才会有创造性思考，才会有批判性思考，才会有不同的思考。

真正的好学生，是“好学”的学生，是具有强烈好奇心的、好问且能问出有意思问题的，并且能够独立思考的学生。

“育人”比“育才”更根本

我们经常把“人才”简单的落脚为“才”，但“人才”是由“人”与“才”两个汉字组成的。“才”关注的是“三力”：创造力、分析力、领导力。人有“三观”：世界观、人生观、价值观。度量“才”的词是成绩、成功、成就，而形容“人”的词则是自由、快乐、幸福。“育人”比“育才”更根本，是因为学的最终目的是为了“人”。

中华文化的传统、中国教育的传统，从来都是重视“人”的传统。但近代以来，中国经济发展落后于西方了，我们要科学救国、技术救国、实业救国。因此，教育就转向科学知识、技术知识，专业知识的传授，转向对“才”的培养。不过，这种转向近年来在中国走向了极端。改革开放以来，中国以经济建设为中心，经济增长似乎变成了唯一的价值和目标。在这种思维中，人是推动经济发展的力量，人才就成为加速经济发展的动力。“育才”也随之变成了教育的最终目的。

教育如何体现“育人”？在我看来，作为目的的“人”包括“人文”“人格”“人生”三个方面。关于人的教育，应该包括人文精神的教育、人格养成的教育和人生发展的教育。

人文是相对于自然科学和社会科学而言的。人类文明的进步从来都是科学进步与人文进步并举的。如果说科学是为了做事，那么人文是为了做人，做有品位的人。科学告诉我们什么是真理，人文告诉我们说真话的价值。龙应台女士这样解读人文：文学使你看见原来看不见的东西，可以让你看见水里白杨树的倒影；哲学使你从思想的迷宫里认识星星，从而有了走出思想迷宫的可能；历史就是让你知道，沙漠玫瑰有它的特定的起点，没有一个现象是孤立存在的。所以，文学让你看见，哲学让你定位，历史让你连接，这些都是人文的价值。

以人文为基础的人格是做人的准则。人格养成是人的教育的基础，正直诚实是对人格的基本要求，而对人格的起码要求就是人格底线。有学者曾经批评我们的一些精英大学正在培养一些“精致的利己主义者”。他批评的不是一般的利己主义者，而是那些学过很多知识、善于利用制度的缺陷和传统的弊端，同时又没有人格底线的利己主义者。

“无用”知识的有用性；“好学”比“学好”更重要；“育人”比“育才”更根本——这是我对学什么、怎样学、为什么学这三个教育基本问题的回答。

延伸阅读 | Extended Readings

我们培养了很多高学历的野蛮人

鲍鹏山

核心提示

即使是胡萝卜什么时候传入中国的这样的知识，你可以拿来吹吹牛，但如果你老是把认知集中在这种信息上，你的一生肯定不会有什么成就。当知识不成体系时，它是无用的，只是碎片。用琐碎的知识把人生变成了碎片，所以君子不为。我们应该允许自己的无知，也应该宽容别人的无知。知识就是力量，但良知才是方向。

我们从小学到大学的教育，更多的是在教知识、技术、专业，唯独缺少文化。我们培养了很多精致的利己主义者，很多高学历的野蛮人，他们是冷冰冰的。

知识就是力量。这句话中国人耳熟能详，而且对它很是认同。从历史上看，1840 年以后，中国面对西方的科学技术，不堪一击，于是得出一个结论：落后就要挨打。这个落后，就是指科学技术的落后。从现实上看，如果今天我们不能用知识很好地答出一份标准化试卷，可能就读不了好大学、好专业，找不到好工作，以更好地满足自己物质的欲望。

无论从历史经验还是现实压力，我们都知道知识太重要了。尽管知识确实重要，但知识也有局限性。

鲍鹏山
著名作家，主要从事中国古代文学、古代文化的教学与研究

这根胡萝卜把他一辈子都拴死了

知识是无限的。什么叫知识？知识是对这个世界所有事实的认知。既然世界是无限的，那么知识也是无限的，可悲剧的是人生是有限的。庄子就说过：“吾生也有涯，

而知也无涯；以有涯随无涯，殆矣。”世界是无限的，我们的生命是有限的，用有限的生命去追求无限世界所包含的无限知识，那我们的人生就会废掉。

当知识不成体系时，它是无用的，只是碎片。举个例子，曾有一家报社搞国学知识竞赛，找了一批专家出了一套国学题目。题目出完后，想让我审一下。我看了5分钟，对它的判断就是6个字：无趣、无聊、无用。

比如有一道题目问：在中国历史上哪一个时代的宦官是可以娶妻的？这是非常严肃的知识。如果你专门研究宦官，把他们的生存状况、心理状态以及他们在中国历史上的地位、影响、作用都搞明白，你将会成为一名了不起的专家。可是假如你的主要精力不在此，这样的知识碎片，对你一点用处都没有。

还有一道题目：胡萝卜是什么时候传入中国的？如果你能把它变成系统的知识进行分析研究，它是有意义的。但是假如一个人并没有这样的意愿和目标，他只知道胡萝卜是什么时候传入中国的，这样的知识对他不仅没用，还可能产生负面影响。

因为他知道大多数人都不知道答案，心里一阵窃喜，觉得自己是世界上最牛的人，并且他特别想让别人知道这一点。于是，他天天等着别人提问，以期收获别人的敬佩。为了等到这一天，他可能每次和朋友吃饭的时候都点胡萝卜，别人吃得很香，他却只等着一个问题。

这根胡萝卜把他一辈子都拴死了。

德国哲学家尼采写过一篇文章叫《我为什么这么聪明》。他的结论就一句话：我之所以这么聪明，是因为我从来不在不必要的事情上浪费精力。

我曾写过一篇文章，题目是《警惕知识》。主要观点就是，我们的生命本来就不可能占有无限的知识。更可悲的是，无聊的知识会让人生变得无聊，琐碎的知识会让人格变得琐碎。

孔子的学生子夏早就说：“虽小道，必有可观者焉”，但是“致远恐泥，是以君子不为也”。即使是胡萝卜什么时候传入中国的这样的知识，你可以拿来吹吹牛，但如果你老是把认知集中在这种信息上，你的一生肯定不会有什么成就。用琐碎的知识把人生变成了碎片，所以君子不为。

荀子曾提出过对知识的鉴别。他说有些知识是无聊的、无用的、无趣的。这样的知识荀子有一个判断，叫“不知，无害为君子；知之，无损为小人”。你知道了这样的知识，并不能够因此成为君子，你不知道这个知识也不会因此成为小人。有的知识对你的人生，一分都没加，又何必耗费精力和时间呢?

但是在生活中，确实有不少人专心致志、兴高采烈、兴趣盎然地用琐碎的知识，把自己的人生切割成碎片。

在知识之外有一种更重要的东西

实际上，在知识之外有一种更重要的东西。

《列子》里面有篇文章叫《两小儿辩日》。两个小孩辩论太阳是早晨离我们近，还是中午离我们近。两个人都有根据，说早晨近是因为早晨的太阳比中午大；说中午近是因为中午的太阳比早晨热。

孔子几乎是那个时代的“谷歌”和“百度”，大家有什么问题都跑去问他。两个小儿问孔子，但孔子没法判断。于是作者就借小孩的口吻讽刺孔子：“谁说你知识多?”作者大概是想只要否定孔子的知识多，那就否定了孔子的价值。

这个思路显然是错误的。在人生知识的考场上，谁能站到最后？比如，复旦大学自主招生出过一道题，老师对学生提一个要求：“你现在问我一个问题，必须满足两个条件，第一是要我回答不出来，第二是你必须要有标准答案。”很多人说这个题目太雷人了，可我就觉得出得很好。因为它告诉我们，在知识的考场上，没有人可以站到最后。有一个聪明的学生马上问：“老师，你知道我祖父的名字吗?”

可见，知识可以把任何一个人打倒。

比如，计算机、物理、英语、数学之类的题目，孔子肯定无法回答。但我们就比孔子的境界高吗？决定孔子境界的不是知识的总量，而是另外一种东西。孔子说过：“吾有知乎哉？无知也。”我有知识吗？不，没有。苏格拉底也曾经说：“我比别人多知道的那一点，就是我知道自己是无知的。”

他们说这些不是谦虚，只不过说出了一种真相。面对世界的无限，我们短暂生命里的知识可以忽略不计。所以，我们应该允许自己的无知，也应该宽容别人的无知。

没有知识可以被宽容，没有良知不可以被宽容

没有知识可以被宽容，没有良知不可以被宽容。我们遇到标准化的试卷，回答不好没有问题，但是涉及良知判断、是非判断、善恶美丑判断，如果出了问题，那就是大问题。

有一位父亲发现15岁的女儿不在家，留下一封信，上面写着："亲爱的爸爸妈妈，今天我和兰迪私奔了。兰迪是个很有个性的人，身上刺了各种花纹，只有42岁，并不老，对不对？我将和他住到森林里去，当然，不只是我和他两个人，兰迪还有另外几个女人，可是我并不介意。我们将会种植大麻，除了自己抽，还可以卖给朋友。我还希望我们在那个地方生很多孩子。在这个过程里，也希望医学技术可以有很大的进步，这样兰迪的艾滋病可以治好。"

父亲读到这里，已经崩溃了。然而，他发现最下面还有一句话："未完，请看背面。"

背面是这样写的："爸爸，那一页所说的都不是真的。真相是我在隔壁同学家里，期中考试的试卷放在抽屉里，你打开后签上字。我之所以写这封信，就是想告诉你，世界上有比试卷没答好更糟糕的事情。你现在给我打电话，告诉我，我可以安全回家了。"

这封信说明，一个人在知识的试卷上可以犯错，甚至不止一次犯错。但是在良知问题上，可能犯一次错就万劫不复。所以，比事实判断更重要的是价值判断。

今天中国社会的一个问题，就是缺乏判断力。中国教育的一个问题，就是缺乏文化素养。比如，为了抵制日货，很多年轻人走到大街上砸同胞的车，甚至伤害同胞的身体。他们带着一腔热血，以为在爱国，但实际上却是在"碍国"。

为什么一个带着良好爱国热情的人，会去做妨碍国家、损伤中国人形象的事？他们缺少的是什么呢？是良知。

知识就是力量，但良知才是方向。我们常常说落后就要挨打，我还要告诉大家，野蛮也会招打。

德国娃的理性家长

杨佩昌

核心提示

德国教育正进入一个新的阶段，那就是：用新的方法教育孩子，给孩子更多的行为选择，让孩子在不同的情景下选择不同的行为，通过平等理性的沟通改变孩子。德国家长早已把游戏和教育有机结合起来，这样，孩子长大后，不但对家长的要求有了更多的认同感，也有利于责任意识的培养。

“妈妈，我想要一块巧克力糖！”孩子大声叫喊。

“嘘，这里是公共场合，不要大声说话，会影响到别人的。这星期我们计划要买的东西已经全在这里了。”说着，这位德国妈妈指了指购物筐，“如果你有能力为自己买一块巧克力糖的话，你可以去买，如果没有，那你就只能放弃了。”孩子眨了眨双眼，无奈却顺从地跟随着妈妈去了收银台。

这是在德国超市发生的一幕。德国家长习惯于将自己的孩子作为一个独立的个体来看待，德国的孩子们也不像我们的孩子那样将哭闹作为自己达到目的的“武器”。在德国，无论是在公共场合还是在家里，都很少出现家长责骂或者孩子哭喊的现象。你能听到的，只是他们平等的、互相尊重的对话交谈。

杨佩昌

留德学者、德国经济政策史博士，著有《为什么德国民富国强》

理性应对孩子哭闹

孩子哭闹，这对很多家长而言是件很头疼的事情。不少中国父母采取的办法是大声喝止；有的家长则听之任之，假装听不到、看不见；溺爱孩子的父母会走过去说：“宝贝，你需要什么，我帮你去买。”

然而，上述做法的负面效果是显而易见的。喝止孩子的哭闹，给孩子心理造成的伤害不容低估；对孩子的哭闹不管不顾，孩子的反应是更加使劲地大声喊叫；而采取顺从的做法，孩子从此知道："我想要什么，可以通过哭闹来得到。"

在德国人看来，还可以有更好的办法。首先，应该告诉孩子："哭闹本身是一个很好的事情，这是你需要具备的一个重要能力。"其次，要告诉孩子："哭闹需要分清场合和对象。在紧急情况下可以哭闹甚至大声喊叫。比如，一个人在外面，陌生人把你拉走的时候，你需要喊叫，但在正常情况下，尤其是面对父母，哭闹或喊叫则是不合适的。你想要什么，只要问我就好了，不用大喊大叫。"

这样的教育方式让孩子知道哭闹的意义，也知道在哪种情况下不应该哭闹。于是，孩子就会学习到有用的行为。他会知道，要把行为用在正确的时间和地点，这样才有意义。通过这种行为选择，他有意识地构建了新的行为模式。孩子长大后，他就会成长为一个能选择多种行为方式的人，因为他已经学会什么行为适合于什么样的环境。

其实，德国的教育也经历了不同的发展过程。战后流行强制性的教育，家长管教非常严格，对孩子设立了很多限制，这个不许、那个不可以，这是非常强权的教育方式，其结果是孩子长大后意识里全是"必须、压迫、条例、规则、不允许"这样的词汇。他们大都缺少自我价值感，很多事情不敢去做，行为模式僵化。但物极必反，从 20 世纪 70 年代开始，德国人的教育方式突然反过来：孩子做的都是对的，没有不对的行为和不对的孩子，只有不对的家长。于是形成了反强权的教育，结果是孩子长大后没有规则、没有约束力，以自我为中心，社会的凝聚力大为下降。

经过战后至今的反思，德国教育正进入一个新的阶段，那就是：用新的方法教育孩子，给孩子更多的行为选择，让孩子在不同的情景下选择不同的行为，通过平等理性的沟通改变孩子。

玩玩具的差别

曾经看到过这样一段文字：外国的小女孩也像中国小女孩一样喜欢玩布娃娃。布娃娃对于中国父母而言，无非是在孩子哭闹时用来安抚他们的工具；而在德国，我却看到了我从小就熟悉的布娃娃竟然有另外一种"玩法"。

我的德国邻居有一对很可爱的双胞胎女儿，她们总是喜欢到我们家来串门子，每次来还都是一人推着一个小婴儿车，车里睡着一个芭比娃娃。我心想，两个才刚满三岁的小毛孩儿，自己不坐婴儿车就已经不错，竟然还一人推了一个假娃娃，真不知我的这个邻居是怎么想的。

有一次说起了这事儿，孩子们的妈妈笑着对我说："这个芭比可不是光用来给她们玩儿的，而是让她们从小就要有关心和照顾他人的习惯。在照顾芭比的同时，她们自己也会更加严格地要求自己，按时起床睡觉，按时吃饭。照顾芭比的这件事会使她们更有责任心，也更加自律。"看着两个话都还说得不是很清楚的小不点儿，一边给小娃娃盖被子，一边给小娃娃讲刚从幼儿园里学来的童谣，我和她的妈妈相视而笑。同样是一个玩具，德国的家长却选择了这样的方式教育子女，让孩子从被照顾的对象成为照顾他人的人，如此的角色转变，让孩子在快乐中得到成长。

角色的扮演，使孩子不仅自我融入其中，而且乐在其中。聪明的德国家长早已把游戏和教育有机结合起来，这样，孩子长大后，不但对家长的要求有了更多的认同感，也有利于责任意识的培养。

名家观点 | Experts' Viewpoints

秦　晖　清华大学人文社会科学学院教授

“考试竞争”是诸种竞争中弊病最少的一种

有论者以“重点之弊”为由要求取消“重点学校”的按分数招生方式，而强调一律“就近入学”，从而使大多数的孩子丧失了通过考试改善学校教育环境的机会。而重点学校所在社区的户口顿成奇货可居的“资源”，拉关系、找门路把孩子户口迁入这类社区的“非考试竞争”，实即腐败的竞争愈演愈烈。重点校因择优录取权的丧失而抱怨生源质量下降，非重点学校学生因失去通过考试择校的权利而弱化了进取心。更重要的是，用全社会纳税人的钱办的“重点教育”只为特定社区服务，犹如过去只为特定阶层服务一样有失起码的公平，也是从重点学校在公平竞争的基础上向全社会开放的改革方向上后退了。

假如不能消除因教育资源短缺而引起的竞争，那么“考试竞争”大概是诸种竞争中弊病最少的一种。“在分数面前人人平等”起码比“在金钱面前人人平等”要好。

迈克尔·罗斯（Michael Roth）　美国卫斯理大学校长

让人抛却束缚，凭借自己的双脚站立

教育不仅仅只关乎学生在校的经历，而应该使学生超越学校之上，适应大学以后的生活。教育理应让人抛却束缚，解放自我，这是在西方自18世纪起就有的共识。宗教、传统这样的东西会将人牢牢拴住，而教育则让人凭借自己的双脚站立。

教育应该表达对现状的不满，然后改变世界。当你进入大学，该做的是开始质疑之前所有被灌输的东西。你应该接受的教育是激励你去改变的。实用主义教育的另一种说法是，教育应该是表达对现状的不满意。

此外，大学教育真正重要的不只是自我解放、让世界变得宽广、找到与人合作的方式，还需要有改变的能力，不论物理还是化学、文学还是别的什么，它让自己变得有力，能够更好地参与到这个世界中去。

“天网”已铺开，贪腐哪里逃

02

KEEPING THE
MINUTES OF CHINA
WITH THOUGHTS

主题文章

陈　雷　国际合作彻底切断腐败分子后路

王春英　反腐双动力：境内“打虎”、境外“猎狐”

延伸阅读

支林飞　“猎狐”升级为“天网”　贪官永失避罪天堂

朱江明　红色通缉令，海外显神威

名家观点

杨永纯　高　波

主题文章 | Key Articles

国际合作彻底切断腐败分子后路

陈 雷

核心提示

近年来，贪官携款外逃现象屡禁不止，在国内和国际社会造成恶劣影响，不仅在国内引起高度重视，也引起有关国家的重视。中国已向世界发出了“加强反腐败国际合作”和“加大国际追逃追赃力度”的最强音。它不再仅仅是一项法律制度和司法制度，还成为党的意志和国家意志的政治宣言。司法机关和执法部门应有长期开展国际追逃追赃的思想准备，毫不松懈地抓好做细每一项国际合作事务。

党的十八届四中全会通过的《关于全面推进依法治国若干重大问题的决定》，提出了“加强反腐败国际合作，加大海外追赃追逃、遣返引渡力度”的重要决策。这与中共中央纪律委员会提出的“加大国际追逃追赃力度，决不让腐败分子逍遥法外”要求，遥相呼应、一脉相承。

纵观历史，在党的重要文件中提出“加强反腐败国际合作”和“加大国际追逃追赃力度”的重要决策和要求，尚属首次。更重要的是，它不仅构成我国依法治国的一项重要方略，也是我国建立健全惩治与预防腐败体系的一项基本战略。

陈 雷
《联合国反腐败公约》履约审议机制中国政府专家、北京师范大学国际刑法研究所客座研究员

绝不允许国外成为“避罪天堂”

长期以来，一些腐败分子在犯罪的同时，一方面通过洗钱等渠道将赃款赃物转移至境外，另一方面利用虚假或伪造的身份，特别是隐瞒公职人员的身份，为自己和家人

办理出国手续，一些人甚至还取得国外的永久居留或居住身份。一般情况下，腐败分子将赃款赃物转移境外，将家人移居海外，也为自己的后路安排妥当后，自己仍然留在国内做“裸官”，一有风吹草动，便随时伺机潜逃，以逃避法律的制裁。目前，腐败分子将美国、加拿大、澳大利亚和新西兰等西方发达国家作为潜逃的首选地，以至于这些国家的一些地方俨然成了中国贪官的“腐败村”。

近年来，贪官携款外逃现象屡禁不止，在国内和国际社会造成恶劣影响，不仅引起了党和国家的高度重视，也引起了有关国家的重视。贪官外逃和不法资金流出现象，破坏了有关国家正常经济秩序和法律秩序，对当地的社会风气也造成了不良的影响。美国、加拿大、澳大利亚等国纷纷表示，不欢迎中国的腐败分子，并表示愿意在遣返中国贪官、返还追缴的涉案资产方面同中国开展合作。

此外，外逃贪官的恶劣行径引起了所在国的国民，尤其是所在国合法移民、广大爱国华人和华侨的强烈不满。一些国家的中国移民，甚至还自发组织了“呼吁遣返中国贪官”的游行示威活动。

持之以恒开展国际追逃追赃

中国已向世界发出了“加强反腐败国际合作”和“加大国际追逃追赃力度”的最强音。目前，它已不再仅仅是一项法律制度和司法制度，而且还成为党的意志和国家意志的政治宣言。

就工作层面而言，我国的司法机关和执法机关应当按照上述国家领导人达成的共识，在相互尊重各国政治制度、法律制度和司法制度以及相互信任的基础上，依据缔结的双边国际条约、共同批准加入的国际公约和司法合作的互惠原则，就强化引渡和遣返逃犯以及资产追缴合作等方面，与有关国家司法或执法机关开展务实合作；开展多渠道的国际合作，善于用好引渡措施以及遣返、劝返、异国追诉等替代措施，为追逃和境外缉捕工作服务；善于用好依据刑事司法协助程序、刑事追缴程序、违法所得没收程序、民事诉讼程序开展境外追赃；同时要在巩固并充分运用好现有合作渠道的基础上，开辟和发展其他有利于反腐败国际合作的途径、方式和工作机制，为我国反腐败国际合作和国际追逃追赃取得实际成效和最终目的服务。

彻底切断腐败分子的后路

加强反腐败国际合作，还应当善于综合运用追逃与追赃工作机制。采取以追逃促追赃、以追赃促追逃的工作策略，两者相辅相成，不可偏废。在实践中，开展国际追逃，应当将追赃纳入总体追逃工作方案中，在侦查、搜集证据、请求司法协助和境外缉捕等各个环节中，体现追赃工作；而开展国际追赃，也应当以促进追逃和境外缉捕为核心，从有利于追逃的最终目的出发，与有关国家开展追赃合作。

总之，追逃工作做好了，会为追赃工作打下良好的法律基础，有利于悉数追缴涉案腐败资产；而追赃工作做好了，可以彻底摧毁潜逃贪官及其家人在境外生存的物质基础和意志基础，釜底抽薪，逼迫潜逃犯罪嫌疑人选择回国投案自首，降低国际合作成本。

如果外逃贪官因涉嫌跨国洗钱和提供虚假身份逃往国外，同时触犯逃往国的法律，一时难以到案，还可以采取追诉国际合作的方式，由所在国定罪量刑后，再予以引渡或遣返。总之，应穷尽一切办法，决不让腐败分子在任何地方逍遥法外。

上述工作做好了，可以对妄图外逃的腐败分子起到震慑作用，并有效预防腐败分子外逃现象发生。

反腐双动力：境内“打虎”、境外“猎狐”

王春英

核心提示

近年来，党中央既强化国内“打虎”，又加强境外追逃。境内“打虎”和境外“猎狐”开始形成合力，推动反腐败工作向纵深发展。境内“打虎”降低了外逃的成功率，遏制腐败增量；境外“猎狐”增加了外逃的风险成本，减少腐败存量。但从根本上讲，防止外逃优于追逃，而预防腐败的滋生又胜于防止外逃，要建立起完善的预防腐败体系，形成不敢腐、不能腐、不想腐的氛围。

境外“猎狐”、境内“打虎”的逻辑延伸

腐败分子外逃始于20世纪80年代。1991年最高人民检察院的工作报告披露，中国进出口公司武汉分公司保成路商场原经理陈新国“策划携款潜逃”。这是官方首次公开腐败分子外逃。之后，在腐败现象愈演愈烈以及经济全球化的大背景下，腐败分子外逃屡见不鲜。

关于腐败分子外逃的规模，很难有精准的统计。据中国社会科学院一份调研资料披露：从20世纪90年代中期以来，外逃党政干部，公安、司法干部和国家事业单位、国有企业高层管理人员，以及驻外中资机构外逃、失踪人员数目高达1.6万至1.8万人，携带款项达8000亿元。近年来，随着党中央反腐败力度空前加大，腐败分子担心东窗事发，外逃也更加频密。出逃腐败分子的级别也呈多样化的趋势，从省部级高官到科长甚至一般工作人员，都有发生贪腐外逃的现象，而且携款金额越来越大。腐败分子携款外逃给中国经济带来不可估量的损失。腐败分子动

王春英
外交学院外交学与外事管理系教授

辄几千万甚至上亿的携款外逃，造成国有资产和人民财产巨额损失，而且资产大量外流会干扰国家的宏观调控政策，造成国家经济结构的畸形发展，严重者将会引发经济动荡。

腐败分子外逃给国家安全造成隐患。有些高级别的腐败分子掌握着相关领域的国家机密，为了逃避国内的惩处，极有可能被国外势力甚至是反华势力利用，对我国经济、政治、军事安全构成威胁。相对于国内腐败分子的惩处，引渡外逃人员还涉及复杂的法律、金融和外交问题，浪费了我们大量宝贵的政府资源，尤其是外交资源。

腐败分子携款外逃形成不良的“示范效应”。腐败分子一旦外逃成功，逃避法律的处罚，会对其他腐败官员和潜在的腐败官员产生极为恶劣的“示范效应”，使他们存在侥幸心理，无形中降低了腐败风险。这是对贪污贿赂等腐败犯罪的刺激和引诱。

外逃腐败分子为了获得所在国的保护，往往申请政治避难，编造在国内受到政治迫害。西方媒体借机发挥，攻击中国侵犯人权，严重损害了中国的国际形象。

腐败分子外逃很难引渡回国内受审，必然在老百姓心目中产生负面影响，严重影响政府反腐败的公信力，使公民对反腐败、社会公正失去信心，这在一定程度上抵消了国内的反腐败努力，给反腐败工作带来极大的困扰。

鉴于此，要彻底打击腐败，就必须开辟反腐的第二战场——海外追逃工作。可以说，境外“猎狐”是境内“打虎”逻辑上的必然延伸。

内外联动：“猎狐”与“打虎”形成反腐合力

近年来，党中央既强化国内“打虎”，又加强境外追逃。海外追逃行动的开展，使得那些逍遥法外的腐败分子必将难逃法律的制裁。据统计，“猎狐”行动开展以来到2014年12月31日，全国检察机关成功将潜逃美国、英国、加拿大等17个国家和地区的49名职务犯罪嫌疑人劝返或抓获归案。境内“打虎”和境外“猎狐”开始形成合力，推动反腐败工作向纵深发展。

境外追逃与境内“打虎”形成合力。“捞了就跑，跑了就了”，一度成为许多腐败分子规避腐败风险的手段。境外追逃的展开及力度的加大，表明中国反腐败不存在盲区和死角，外逃腐败分子终究逃不过法律的制裁。

这不仅彰显了法律的尊严，打破了外逃腐败分子逃避惩罚的幻想，极大地震慑了外逃腐败分子；而且对国内一些心存侥幸、妄图贪腐之后逃到境外享受的腐败分子起到了很好的警示和震慑作用。境内“打虎”降低了外逃的成功率，遏制腐败增量；境外“猎狐”增加了外逃的风险成本，减少腐败存量。

国际合作与国内部门整合形成合力。境外追逃既需要与其他国家和地区及国际组织加强合作，又需要加强与国内各部门的合作，避免多边出击、多头行动。为此，中共中央反腐败协调小组设立国际追逃追赃办公室，成员包括中共中央纪委、最高法、最高检、外交部、公安部、国家安全部、司法部、中国人民银行等单位的负责人。这些与反腐败相关的部门，在追逃追赃机制下加强协调与合作，有助于改变过去反腐败机构协同行动中资源调配出现掣肘甚至混乱的局面，有效整合反腐败资源，优化配置反腐败力量，无论境内“打虎”，还是境外“猎狐”，都能相互配合，协调合作。

国际公约、国际惯例与国内立法形成合力。由于不同国家政治体制和法律制度的差异，在国际规则既定的情况下，追逃工作面临着诸多法律和制度困境。这就倒逼国内立法与国际公约接轨。2012 年 3 月，修改后的《刑事诉讼法》增加了没收违法所得的程序：“对于贪污贿赂犯罪、恐怖活动犯罪等重大犯罪案件，犯罪嫌疑人、被告人逃匿，在通缉一年后不能到案，或者犯罪嫌疑人、被告人死亡，依照刑法规定应当追缴其违法所得及其他涉案财产的，人民检察院可以向人民法院提出没收违法所得的申请。”这是我国落实《联合国反腐败公约》的重要立法措施，也是追逃追赃工作的有力法律武器。

标本兼治：境外结网与境内筑堤共建廉洁政府

追逃追赃毕竟是事后的追惩，挽回的损失是有限的，而且由于国情与体制不同，追逃成本很高。如余振东一案，包括最高人民检察院、外交部、司法部、公安部在内的 10 个部门与美方以及余振东本人进行了长期谈判，历时达两年之久。因此，着眼于长远，应该标本兼治，在继续加大追逃追赃力度的同时，着力于制度建设，有效防范腐败分子携款外逃以及进行腐败活动。

在防范腐败分子外逃方面，首先，需要完善反贪污贿赂方面的立法。

依靠法律反腐败是我们党开展反腐败斗争的一条基本经验，尤其在新的历史环境下，依法反腐更是反腐败的不二选择。自新中国成立以来，特别是改革开放三十多年来，我国在反腐败方面先后制定了一系列的法律法规，但由于这些规定不尽科学、全面，可操作性不强，在一定程度上影响了打击腐败的成效。因此，要进一步完善反腐败立法，制定集组织法、实体法与程序法于一体的反腐败法律，还应加快国内立法与国际公约的衔接，使《联合国反腐败公约》等国际公约在反腐败工作中切实发挥作用。其次，完善党员干部个人事项报告制度，切实执行《关于领导干部报告个人有关事项的规定》和《关于对配偶子女均已移居国（境）外的国家工作人员加强管理的暂行规定》。在报告事项的基础上，开展抽查核实工作，并推进报告事项在一定范围内公示，对申报不实或瞒报等情况，应制定惩处办法。再次，加强出入境证件的管理工作。完善护照签发机制，在一定情况下建立出入境管理机构垂直领导体制，同时明确出入境机构的职能；提高护照防伪技术，同时严厉打击伪造护照、编造护照等行为；切实执行国家工作人员护照集中保管制度。最后，加强金融监管，打击地下钱庄，斩断贪官外逃资金链，防止赃款向外转移，同时激活国际反洗钱工作机制，严格控制资金外流。

在预防腐败犯罪方面，首先，要加强对党员干部的教育，筑牢拒腐防变的思想防线。消除腐败的根本在于廉洁的观念内化为每个领导干部的思想觉悟。在新的历史时期，要注重对党员干部的思想道德教育，不断提高自身修养，帮助他们树立正确的世界观、人生观和价值观，正确对待手中的权力。加强法治教育，增加法治观念，自觉学法、守法，使权力在法治轨道上运行。其次，要加强反腐败机构建设，为反腐倡廉提供组织保障。这方面，可参照新加坡和我国香港地区的经验，建立直属总理的、独立的、权威的反腐败机构，明确其职权，建立高效的运行机制，确保反腐败工作的顺利进行。再次，完善反腐败制度建设，筑牢反腐倡廉的制度防线。完善人民代表大会制度，加强对权力的制约与监督，“把权力关进制度的笼子里”；完善政府信息公开制度，让权力在阳光下运行；建立官员财产申报制度，从根本上防止官员腐败。最后，完善监督机制，强化外部约束。强化人大的监督，实现以权力制约权力；加强民主党派的监督，民主党派监督是加强对国家权力约束和制衡的有效方式；注重人民群众的监督，一切权力属于人民，让人民监督权力，使权力在阳光下运行；强化大众传媒的监督，利用大众传媒受众广、信息传播速度快等优势，对政府及其官员进行全方位监督。

反腐败关乎党和国家的命运，我们需要把外逃的腐败分子绳之以法。但从根本上讲，防止外逃优于追逃，而预防腐败的滋生又胜于防止外逃。更重要的是，要建立起完善的预防腐败体系，形成不敢腐、不能腐、不想腐的氛围，彻底清除腐败，为实现国家的长治久安打下坚实的基础。

延伸阅读 | Extended Readings

“猎狐”升级为“天网” 贪官永失避罪天堂

支林飞

核心提示

“天网”行动，剑指逃到海外的贪官，是中国在海外追逃追赃“猎狐”专项行动的升级版本，旨在消灭腐败死角，切断贪官后路。这有望在相当长时期内成为中美开展追赃追逃合作的主要模式。随着中国海外反腐的推进，逃美贪官惊恐地嗅到了日渐逼近的风暴气息。从“猎狐”到“天网”行动，中美反腐合作正在提速。

中国“天网”行动2015年4月全面启动，剑指逃到海外的贪官。“天网”是中国在海外追逃追赃“猎狐”专项行动的升级版本，旨在消灭腐败死角，切断贪官后路。

从“猎狐”到“天网”联合追逃追赃力度加强

随着中国海外反腐的推进，逃美贪官惊恐地嗅到了日渐逼近的风暴气息。从“猎狐”到“天网”行动，中美反腐合作正在提速。

长期以来，普遍的法律漏洞、宽松的移民政策，使美国成为中国贪官外逃的主要避风港。中美在政治制度、司法体系、意识形态等方面存在不同，加上双方之间没有签署引渡条约，使逃美中国的贪官能够“逍遥法外”。

但风起云涌的中国反腐大潮，正在改变这个局面。从“猎狐”到“天网”，中国不断加大海外追逃追赃力度，取得成效。美国一方面希望摘除“贪官天堂”的污名，另一方面希望中国协助其实施《海外反腐败法》，重点堵

支林飞
人民日报记者

塞美公民海外逃税漏洞，因此，对中国追逃追赃工作展示了合作态度。

美国司法部发言人彼得·卡尔对媒体表示，美司法部每年通过中美执法合作联合联络小组定期会晤中国有关部门，讨论追逃追赃合作问题。“我们致力于一个原则，即美国不应成为贪官及其赃款的藏身之所”。

布鲁金斯学会中国问题专家李侃如表示，当今世界在金融和数字方面是互联的，中美在许多领域可以增强合作，如打击有组织的犯罪、侦办个案等。“美国不希望外国人将非法所得带进来，通过洗钱后过逍遥日子。美国确实拥有将这些贪官绳之以法的法律”。

2015 年 3 月，2011 年贪污巨款后潜逃美国的中储粮周口直属库前主任乔建军及其前妻赵世兰，因涉嫌犯有向国外转移盗窃资金罪、移民欺诈罪、共谋洗钱罪在美被正式起诉。赵世兰被捕，乔建军被美执法当局通缉。

绕开引渡条约这道坎　反腐寻求“替代”途径

虽然取得了一些进展，但中美反腐合作仍然面临很大挑战，其中最主要的挑战就是双方没有签订引渡条约。中国很难通过正常途径，对逃美贪官快速实施抓捕、起诉和遣返，只能采取一案一办的原则向美方交涉。

鉴于中美政治和司法体制存在巨大差异，中国在美国开展追逃追赃工作面临诸多挑战。尽管如此，中美都已承诺，没有引渡条约不会、也不应阻碍双方进行追逃追赃合作。

美国务院发言人普萨基表示，在没有签署引渡条约的情况下，美方可通过移民程序遣返中国逃犯。普萨基还表示，美司法部在牵头与中方进行反腐合作，如果中方提供更多的有力证据，可促使美方对重点案件予以更多关注，包括找寻、起诉和遣返相关逃犯。

此外，中美还可以通过《联合国反腐败公约》《联合国打击跨国有组织犯罪公约》、APEC 反腐执法机构网络等平台进行追逃追赃合作。而且，美国确实存在遣返贪官的一些“替代”途径。

法律专家说，“替代”途径主要包括：以移民欺诈、洗钱等常见罪名起诉中国贪官，促使美国移民法庭将他们递解出境；当然，中国也可以选择异地追诉的方式，在美对贪官提起诉讼。

这可谓捏住了逃美贪官的“命门”，因为他们多数都难以撇清移民欺诈、洗钱等罪名。

至于留美身份，贪官们无论是签证逾期不归沦为“黑户”，或是用赃款获得投资移民绿卡，还是通过杜撰一胎化、宗教迫害等虚假理由骗取政治庇护绿卡，都涉及移民欺诈犯罪。

可喜的是，中美进行追逃追赃合作工作已有成功案例。2004 年，美方通过执法合作联合联络小组，将侵吞中国银行开平支行数亿美元资金的主犯余振东遣返回国。这是中美司法合作的第一个成功案例。2009 年，开平支行另外两位原行长许超凡和许国俊被美法院以洗钱、诈骗、伪造护照和签证等罪名，分别判处 25 年和 22 年监禁。中方为此案向美方提供了有力证据。

从中国银行开平支行窝案到乔建军一案，美方起诉罪名都与移民欺诈、洗钱有关。这有望在相当长的时期内成为中美开展追赃追逃合作的主要模式。

红色通缉令，海外显神威

朱江明

核心提示

大部分外逃者都是通过正常渠道，大摇大摆从海关出境，不少官员都在被约谈时忽然失踪。劝说是中国公安部门最常用的方法，在不惊动或在他国司法部门默许下，对逃亡潜伏在境外的犯罪嫌疑人进行心理攻势，劝其“自愿”回国自首。钱是贪官和经济犯罪者海外藏匿的物质基础，追逃的同时追回赃款才算全面成功。对赃款的追缴一般分为刑事判决追缴和民事诉讼追缴，但要想分文不差地追回赃款是不可能完成的任务，追缴赃款过程中涉及国有权要求分享赃款。

2015 年 4 月 22 日，国际刑警组织中国国家中心局集中公布了 100 名涉嫌犯罪外逃的国家工作人员、重要腐败案件涉案人等人员的红色通缉令。仅仅 3 天之后，4 月 25 日上午 11 时，在中国公安部的指挥下，上海、江苏、安徽等省市追逃办和公安、检察机关密切配合，将公开曝光的百名逃犯之一戴学民缉捕归案。这是公布百名外逃人员后的首个落网者。

戴学民的归案，标志着红色通缉名单正在发挥效力。对在逃人员而言，这不啻为晴天霹雳。那么，这份红色通缉令的威力有多大？能不能把名单上的这 100 人全部缉拿归案，“一个都不能少”地抓回来呢？

他们是怎么逃出去的

朱江明
南方周末特约撰稿人

确定嫌疑人是如何逃离的，是追逃过程中关键的一步。外逃官员就像翻越柏林墙的那些人一样，用各种神奇手段偷渡出境的吗？

事实远非那么奇特。大部分外逃者都是通过正常渠道，大摇大摆地从海关出境。边境管理的不严密，给外逃者足够的漏洞可钻。未掌握足够证据时，纪检人员只能约谈涉案人员了解情况。约谈不是强制性措施，纪检人员无权限制其人身自由，正是出逃的最好时机，不少官员都是在被约谈时忽然失踪的。

除此之外，经济犯罪都有一条完整的利益链条，一旦有人被调查，就可能导致其他涉案官员外逃。例如，在这份百人名单中有着“第一女贪官”之称的杨秀珠，在其胞弟杨光荣被调查后，带女儿女婿等家人集体出逃，以新加坡为跳板逃到了荷兰。

直接前往美、加的涉案人员毕竟是少数，大部分外逃者以香港为跳板，这就是为何在这份百人名单中广东省有高达15人的原因。选择香港除了交通便利之外，其政治地位特殊也很关键。

我国公务员因私出国需要提前申报，高级别官员甚至不能藏有因私护照，但是香港澳门特区的性质是出境不是出国，办理港澳通行证相对简单。跨国逃亡用自己的证件行不通，所以这些外逃者往往会事先购买外国护照，但是这种护照没有入境记录也无法直接出境。

持有外国护照理论上就是外国人，要入境就得办理中国签证，但是程序非常复杂而且审核严格，涉案人员因此很难用非法取得的外国护照闯关。由于中国香港特区和世界上大部分国家有免签证协议，购买护照之后，只需在香港特区入境，即可获得“完美”的出入境记录。外逃时，嫌犯先使用港澳通行证到香港，然后用非法取得的外国护照前往第三国，这是现阶段最为流行的外逃方式。

除了中国香港之外，新加坡也是热门跳板。由于中国护照在新加坡享受免签待遇，外逃人员可以在国内纪检机构未作出反应时，在新加坡迅速转移。

利用跳板除了便利性的考虑之外，还是一种迷惑侦查人员的反侦察措施。出逃人员使用港澳通行证进入香港，用非法护照转往第三国一般会用假名字，这会给调查人员造成障碍。要找到他真正的出逃路径，将会花费大量时间和办案经费。这样的反侦察措施，可以为外逃者深度潜伏赢得时间。百人名单上的广州花都官员王雁威就是使用港澳通行证出境，然后更换护照潜逃到加拿大的。

怎么把他们抓回来?

在这份百人名单上仍有99人逍遥法外，那么追捕这些人难度有多大?

公安部门透露，其中66人现在藏匿在北美，而美国和加拿大却未与中国签订引渡条约。在北美藏匿的中国经济罪犯远比名单中的要多。除了这66人之外，公安部曾对媒体透露，超过150名经济罪犯潜伏在北美。没有引渡条约恐怕是最大的障碍。根据国际法，如果两国间没有引渡条约，互相之间没有义务配合对方缉拿潜逃罪犯。由此可见，要想让红色通缉令上的人归案并不容易。

劝说是中国公安部门最常用的方法。所谓“劝说”，是指在不惊动或在他国司法部门默许下，对逃亡潜伏在境外的犯罪嫌疑人进行心理攻势，劝其“自愿”回国自首。中国公安部官员李旭（化名）对记者透露：“劝说是近年来公安部门最常用的一种方式。利用逃犯惶恐不安的心理，进行攻心战术。要让他感觉自己完全在警方的掌握之中，这招对意志不坚定的人非常有效。”

通过心理攻势击垮其心理防线之后，“劝说”人员会劝导对方归国自首。“劝说对仓促出逃、经济实力一般的罪犯效果好。他们在国内生活奢靡，在国外过得不好，很容易萌生回国自首的想法。如果对方意志坚定且现金流充足，这招基本没用!”

劝说不管用，就只能通过司法协助解决问题。尽管中国和美、加无引渡条约，却一直存在司法合作。利用“非法移民遣返”制度就是其中典型的办法。加拿大就是以非法移民为由，将赖昌星遣送回中国的。

这种合作模式已经被广泛了解，逃犯正在进行有针对性的准备，潜逃到新西兰的闫永明就是其中的典型。2005年，闫因职务侵占罪上了红色通缉令。2006年，中国与新西兰签订《刑事司法协助条约》，照理说当时可以启动引渡程序，闫永明却一直未能归案。闫永明的律师非常清楚，犯罪引渡或非法移民遣返，都不能涉及政治犯。因此，其法律团队一直努力将闫永明打造成被政治迫害者。闫永明不仅资助海外反华势力的活动，还向新西兰议会候选人提供政治捐献。新西兰两大主要党派工党和国家党的议员中均有他的盟友。通过政治活动，躲避中国政府的追捕，是外逃者现在惯用的招数。

赖昌星没有那么雄厚的资产而且出逃过于仓皇，藏匿在加拿大时又缺乏收入来源，应付诉讼耗费巨大，不得不变卖豪宅。钱财耗尽后，赖昌星连番败诉，输掉移民官司后被遣返回国。由此看来，外逃官员在国外能藏匿多久，主要在于他手上到底有多少现金。

他们的赃款如何藏匿?

钱是贪官和经济犯罪者海外藏匿的物质基础，追逃的同时追回赃款才算全面成功，然而追赃的难度恐怕比追逃还大。

李旭告诉笔者，地下身份证产业盛行是令人头疼的问题。2004 年，国内开始换领二代身份证后，新身份证无法彻底挂失，于是成为黑市上的抢手货。李旭认为二代身份证成为各种犯罪分子可以利用的漏洞。“二代身份证具有不错的防伪功能，犯罪分子却可以用已经挂失的身份证办理各种金融业务。”

在红色通缉令公布的同时，中国人民银行联合公安部、最高人民法院、最高人民检察院等部门下发通知，在全国范围开展打击利用离岸公司和地下钱庄转移赃款的专项行动。该通知和百人红色通缉令名单同时出现，显然有所针对。那么，这些地下钱庄和离岸公司如何为贪官提供资金藏匿便利的呢?

一位投资移民公司负责人王某说，很多金融公司和境外投资代理，能帮客户操作资金离岸。所谓“资金离岸”是指用地下渠道将资金转移出境，躲避官方监控。“资金离岸有两种操作方法，一种是‘蚂蚁搬家’，从深圳或者珠海口岸通过个人夹带的方式，把大笔资金分拆过境。1000 万规模的资金两周即可完成。”两周是地下渠道的操作时间，金主把钱给代理人，境外账户马上就能到账。“另一种方式则是对冲资金。一家金融公司同时有境内和境外业务，可以通过对冲资金完成转移。”

仅有资金离岸渠道，缺乏安全账户也无法将赃款“平安”落地，这就是为何要打击“离岸公司”的原因。在开曼群岛一类地方，注册离岸公司不仅流程简单，当地法律还规定股东结构保密。此类离岸公司可以在世界各国银行很方便地开设公司账户，给经济犯罪者提供了便利。王某说：“注册离岸公司后几乎可以在任何银行开设账户，无论在中国、还是在美国都不是问题。”

由于股东身份保密，这些“公司账户”等于匿名账户。离岸公司的股东身份真的无法被查到吗?“此类地区查股权结构并不难，当地法律禁止透露股权信息。实际上，只需要几百美元就能查。”

王某暗示用非法手段可以查股东身份，然而查清股权不等于能追回赃款。中国公安部官员李旭对此评论说：“查清离岸公司股东结构并不困难，但是未必有用。犯罪嫌疑人不说，你可能根本不知道注册公司的名称，太平洋有那么多群岛，总不能挨个查吧？就算知道公司名称，这些证据是非法的，资金藏匿在法治程度高的国家，非法证据无法用来追赃！”

分文不差追回是不可能的

《联合国反腐败公约》中第五章有“资产追回”的规定，然而这项规定执行起来却并不容易。由于私有财产权利是现代法治社会的核心人权，任何对私人财产的查扣、征收、处置必须合法。美国和加拿大等西方国家规定，包括洗钱犯罪在内的财产没收，须经过法院裁决方能执行。这样可以避免公权力随意剥夺私有财产，但同时也对跨国经济犯罪的赃款追缴造成障碍。

在近几年的司法实践中，对赃款的追缴一般分为刑事判决追缴和民事诉讼追缴。刑事判决追缴是国内已经对犯罪嫌疑人进行审判，并且对其犯罪行为作出判决后，要求国外司法机构协助。这种合作的国际法基础，是各国通过双边或者多边协议，相互承认对方法院的判决结果。承认判决结果是认定罪犯本人存在犯罪事实，不等同于承认其藏匿在他国的财产为犯罪所得。追赃时中国必须对具体追缴的账户、不动产、有价证券等，提供其系赃款的确凿证据。西方法院对于此类案件的处理要求必须“一次过”，一旦法院认定证据不足，就无法补足证据后上诉或申诉了。

刑事追缴的优点，在于追缴过程中他国司法部门可根据双边协议介入，提供必要的人力、物力，协助中方查找未发现的藏匿赃款。其根据是《中美刑事司法协助协定》第十三条规定：“被请求方应根据请求，尽力查找或辨认被请求的人员或物品。”在余振东案件中，有 355 万美元赃款是通过司法协助解决的。

民事追缴主要为商业机构的经济犯罪案件适用，如职务侵占或者挪用公款等案件。受侵害的商业机构可以在其赃款藏匿国家，提起民事诉讼要求返还被侵占的财产。中国银行开平支行许超凡、余振东、许国俊特大贪污挪用洗钱案中，被害人中国银行作为原告提起诉讼，从中国香港特区、美国和加拿大追回了数亿元人民币。

追回赃款的手段不少，但要想分文不差地追回赃款是不可能完成的任务。根据《联合国反腐败公约》第五款规定，“缔约国还可以特别考虑就所没收的财产处分逐案订立协定或者可以共同接受的安排。”这个条款的意思是，追缴赃款过程中涉及国有权要求分享赃款。说得更通俗一点，就是“雁过拔毛”。加拿大驻华大使赵朴2014年接受采访时，就提到“加拿大将仅保留赃款中的一部分，以支付加拿大在处理案件中所产生的成本”。其根据是中加两国有关收缴非法财产协议中的“分享”条款，也符合《联合国反腐败公约》的法律精神。

除了赃款中的一部分可能被司法国“分享”之外，根据现行国际法及国内法，保险投资无法被罚没征收。如果部分赃款用于购买保险，即便证据确凿、当事国配合，也无法追回。由此可见，追赃只是没有办法的办法，堵住源头才是最好的“追赃方法”。

名家观点 | Experts' Viewpoints

杨永纯　中国廉政法制研究会副会长，教授

中国反腐彰显全球治理视野

从全球来看，腐败的蔓延越来越超越文化、国界、制度等领域，形成全球治理灾害。因此，中国的反腐败，也是深度参与全球腐败治理的表现。党的十八大以来，中国将腐败治理提高到跨国事务管理和全球性问题应对的国际法治高度，积极参与并不断提升在全球腐败治理和国际法治过程中的话语权和责任感。国际主要经济体对腐败本质、蔓延侵害、协同治理达成了一些基本共识，中国的法治反腐也因此取得了国际的善意认可。

中国反腐败的实质，是法治中国在反腐领域的切实践行，是一种全球腐败治理的协同战略。对中国而言，只有建设更加成熟、科学完备的良法体系，才能统筹谋划，让反腐败战略在全球治理领域发挥更大作用。

高　波　中国社科院中国廉政研究中心副秘书长

打通全球追贪最后一公里

按照“天网”行动统一部署，国际刑警组织中国国家中心局集中公布了针对100名涉嫌犯罪的外逃国家工作人员、重要腐败案件涉案人等人员的红色通缉令，加大全球追缉力度。这是中国高压反腐再加码、追赃追逃再升级的重要举措，也是拓展国际反腐“第二战场”的实质性进展。

中国此次集中公布红色通缉令，体现出全球布控、全时拉网、全力追贪的强信号，其政策含义十分清晰。首先，中方通过国际刑警等渠道提请有关国家执法机构加强合作，协助缉拿有关嫌疑人，对涉嫌犯罪的外逃人员，发现一起、通缉一起，向全世界展示出零容忍惩贪的决心。其次，这份名单中的最早外逃时间可追溯到1996年，最晚截至2014年；涉嫌贪污和受贿的人员占比超过60%，曾在党政机关和企事业单位担任一把手的多达48人，体现出“等距离追逃”而不是“选择性反腐”的定力。最后，从此次红色通缉令的指向地来看，北美为外逃人员“扎堆”的重灾区，首当其冲的美国多至40人，位居其次的加拿大亦有26人。尽管中国与这些“避罪天堂”并未签署引渡条约，但此次通缉行动恰恰显示出突破要案的务实态度和攻坚克难的韧性。

人工智能正在敲门

03

KEEPING THE
MINUTES OF CHINA
WITH THOUGHTS

主题文章

黄晓庆　云端仿真机器人将进入千家万户

王飞跃　人工智能八问八答

延伸阅读

《经济学人》撰文　阿 moyz 译　人工智能的黎明

吴晓波　张一鸣　人工智能如何计算“善恶”

名家观点

马　云　李彦宏　H. 詹姆士・威尔逊

主题文章 | Key Articles

云端仿真机器人将进入千家万户

黄晓庆

核心提示

机器人革命的临界值已经到来，因为近年来在造出能够完全替代人类的机器人智能操作系统的技术准备上已经到了一个临界值，同时社会应用需求层面也已经到了临界值。云端仿人智能机器人代表了机器人发展的较高境界——外形和人相似、思维模拟人类大脑，更贴近人类复制另一个自己的目标。通过发展云端仿人智能机器人实现弯道超车，不仅是国家战略层面的考量，也与大众日常生活息息相关。

机器人革命到了临界值

目前机器人革命的临界值已经到来。一方面，近年来在造出能够完全替代人类的机器人智能操作系统的技术准备上已经到了一个临界值。简单梳理，有以下 4 个例子：一是汽车自动驾驶技术成熟。根据谷歌最新数据，自 2006 年起谷歌自动驾驶的汽车 8 年来在真正道路上完成了 70 万英里的自动驾驶。最近，自动驾驶汽车的研究从“路上测试”转到了“计算机仿真”。这意味着人类已经造出了完全有自主行为的机器代替人类开车；二是美国军用无人机的功能示范。虽然被定义为遥控飞机，但当遥控人员不下达指令时，它可以自己做出动作，在战区执行任务中自主控制高度、逃避敌军侦探、保持隐蔽状态；三是 IBM 超级机器人 Watson 成为答题冠军。作为一款专门用来答题的机器人，它具有自主学习、自主推理的能力，因其在

黄晓庆
国家“千人计划”特聘专家、中国移动研究院院长

2012 年美国著名电视大赛“危险边缘”（Jeopardy）中一连击败 2 位往期冠军选手而声名大噪；四是感知系统的技术突破。近年来，包括谷歌、Facebook、科大讯飞、百度在内的多家知名互联网企业，运用“深度学习”技术推出了语音和图像的识别、合成算法。这些新算法和技术的部分功能已超过了人类大脑。

另一方面，当下社会应用需求层面也已经到了临界值。一是从现实情况来看，伴随工业机器人的蓬勃发展，产业链构建相对成熟，同时伴随着全球劳动力价格的持续提高，老年化现象不断严重，释放出强大的社会需求。从整个机器人产业发展来说，目前已经到了“要从工业界走向家庭和个人”的临界值，开始有能力向家庭和个人服务层面拓展。二是从实用经济学角度来看，任何能够成倍提高生产力、成倍降低成本、成倍减少人工投入的技术，一定会被资本家所追捧。在利益驱动之下，资本将会投入制造这些能帮助提高生产力的机器。因此，具有自主、智能能力的机器人产品市场的增长速度可以预估。

云端仿人智能机器人代表了机器人发展的最高境界

云端仿人智能机器人代表了机器人发展的较高境界——外形和人相似、思维模拟人类大脑，更贴近人类复制另一个自己的目标。

先讲为什么要“云端”。对于一件工业或电子产品来说，最重要的部分是操作系统。同理，要实现机器人的智能程度，必须依托于强有力的操作系统，充当机器人的大脑角色。然而，现实情况却是，假如机器人是一台会动的机器，目前没有办法将支持软件的运算系统装在其体内。研究数据表明，人类大脑运算能力是机器人最高运算能力的 100 万倍。这意味着，要制造能达到人类运算能力的机器，目前需要一个体积是人脑 100 万倍的机器人大脑。此种情形下，从实用性角度考量，约人脑 100 万倍的机器人大脑根本无法和其身体相匹配。这条路径走不通的情况下，到底装在哪？答案是装在“云”里。我们可以将认知系统放在云里，身体、驱动、传感器放在机器人本体上，通过移动通信将二者连接起来，实现顺畅操作。更形象地说，相当于把一个人的大脑和小脑存在“云”中，做出了一个现实版的“阿凡达”。

再来说明为什么要仿人。机器能够全面代替人是很重要的产业目标。这种背景之下，只有仿人的机器人才能有效使用为人设计的工具，顺利在人类的环境下工作，实现需求和发明的真正无缝对接。在我看来，这是未来人类使用机器人的一个核心需求点。

相比于其他类型的机器人，云端仿人智能机器人对自动化程度、柔性程度要求更高。相比之下，目前产业技术进步的速度仍有一定距离。因此，云端仿人智能机器人的研发和面世还需要一个循序渐进的过程。

竞争进入白热化阶段

目前既然正在进行一次颠覆性的工业革命，各方面条件已经到了一个临界状态，第一代产品还未真正面世，当前的竞争格局可以称为“黎明前的黑暗”——任何有进取心的国家或企业，都想尽早插足这个领域。因此，可以看到，这场战斗还没被打开就已经进入了白热化阶段。

从国家竞争层面看，目前全球围绕机器人的竞争已超越国家一级，上升到国际合作与竞争相融会贯通的阶段。首先，美国 DARPA 机制之下，几乎所有全球顶尖的机器人企业都参与进来；此外，欧共体的 RoboEarth 计划、日本仿人机器人开发也纷纷采取了跨国研究战略；相比之下，中国正在稳固、迅速赶超，但目前还着重于“赶”没到“超”的地步。

从企业竞争层面看，“暗潮涌动”的战斗刚刚开始。就目前态势而言，各大企业的侧重点各不相同。一是谷歌采取“挖空型（EmptyStrike）”人才战略。截至目前，谷歌已经收购了超过了十家世界顶尖智能机器人研发公司，以奠定自身起跑优势；二是 IBM 成立 Watson 事业部，将 Watson 作为产品推向市场；三是 Facebook、百度着手“云”布局，通过“深度学习”技术，推出了语音和图像的识别、合成算法；四是东芝、本田等日本企业着重“仿人”等机器人控制技术的研究。

总体看来，云端仿人智能机器人的技术研究仍然有待突破。首先看智能水平。以美国 DARPA 举办的机器人挑战赛（Robotics Challenge）为代表，共有 7 支参赛队伍的机器人能够完成爬楼梯、开阀门、开汽车等操作，但总体效果和人类仍然存在较大的差距。再看仿人水平。以日本东芝、本田等企业为代表，目前日本制造的机器人在运动控制能力，模拟人的面部表情、皮肤等方面都达到一定水准，但在双足行走能力上还远不及人类。

发展云端仿人智能机器人是我国弯道超车的唯一路径

发展云端仿人智能机器人是我国弯道超车的唯一路径。先来看弯道超车的可能性。第一，智能机器人产业对工业积累要求相对不高。目前中国才走过30年工业化进程，工业基础薄弱，缺乏原始积累。相比于传统工业机器，智能机器人发展更倾向于信息化层面的突破。值得欣慰的是，受益于在第三次工业革命中持续跟随，我国在信息化技术领域并未落后太多，市场需求方面又机遇良多，弯道超车的可能性大大增强。第二，国际竞争还处于初级阶段。虽然各国围绕云端仿人智能机器人加紧研发，但目前还没有任何一个国家能造出第一代真正意义上的产品。从这个进程速度来看，中国还有大把的机会可以实现赶超。

需要补充的是，通过发展云端仿人智能机器人实现弯道超车，不仅是国家战略层面的考量，也与大众日常生活息息相关。理想状态之下，有这样一个想象空间：未来我们每一个家庭都配备有1—2个机器人完成各种保姆工作，也就是个人机器人时代来临。这意味着我们每个家庭都有机器人帮忙做事，而且成本是可以掌控的。这将对中国民众社会生活方式带来彻底的改变。

人工智能八问八答

王飞跃

核心提示

人类即将进入一个以知识自动化为特征的崭新科技与生产时代，智能技术在其中会起到关键和核心的作用。为此，未来的人工智能发展，不应再是只关注“高大上”的工作，而是应当从小处着手，讲究实效，面向社会民生，以“众包”形式，让社会普通大众的智能充分地发挥出来，使智能技术进入生活与工作的每一个角落。这才是人工智能真正的突破。

问题一：截至2014年，有超过20亿美元的风险投资流入基于认知技术研究的产品和服务中，超过100家的相关公司被互联网巨头收购。为什么很多大的互联网公司都在关注人工智能？为什么越来越多的民间资本进入这个领域？

简单地讲就是：时代的趋势，本质的需求。因为认知或更准确地说智能技术，是社会转型和产业升级的关键与核心。越来越多的资本进入智能领域，表面上的原因有很多，但实质上主要有两点：

第一，目前的互联互通和未来的智能社会及产业对其人员的能力提出了更专、更深、更高、更广，甚至是“非分”的要求，一般的人很难达到。

第二，新一代“QQ”式的社会人力资源，伴随智能手机、微博、微信等“碎片化”社会媒体和知识结构成长并且成熟，已很难适应上一代传统的学习方式、工作习性与专业要求。

加上人类整体对社会服务的种类、内容、水平的要求越来越高，相对而言，导致新一代的“传统能力”退化。

王飞跃
中科院自动化所研究员、复杂系统管理与控制国家重点实验室主任这“一进一退”使得期望与现实的差距扩大，以致有人惊呼“网络把人变傻了”！这在客观上形成了越来越大的“智力剪刀差”或“智能鸿沟”。这就必须靠人工智能和自动化这类的智能技术来“补偿”。否则，产业根本无法升级，社会自然更无法转型。

问题二：智能究竟是怎样定义的？这些年，人工智能的概念有变化吗？

智能的定义与人工智能的定义不一样，但都是既简单又复杂。对于真正从事人工智能的科技人员来讲，又是十分清晰和稳定的。对他们而言，从六十年前提出人工智能的概念和目标至今，基本上没有变化。然而，对另外一些人，特别是带有商业和利益背景的一批人，人工智能的概念差不多有了天翻地覆的变化，连“奇点”都出来了，甚至一不小心不用多久人工智能就把人类给灭了！

先说智能，简单的定义字典上就有：智能就是获取和应用知识及技巧的能力。爱因斯坦认为：“智能的真正标志不是知识，而是想象。”想象一来问题就更多了，导致今天全世界的学者们对什么组成智能都没有共识。不过一般都认为有解析、语言和情感三类智能。

近年来，神经生物学家也开始以更加科学的手段来探讨什么是智能的问题。他们主要是观察研究大脑神经元及其连结与不同智能活动与水平的关联。特别是 2007 年提出的 P－FIT 智能理论，能够说明不同脑区与不同智能的关联，引起了业内的很大关注。

人工智能就是机器或软件所展示的智能。在这个意义上，人工智能与机器智能没有区别。但在早期，二者是不同的，而且最初人工智能只是复杂信息的计算机处理之代名词，不过很快就转为目前意义下的人工智能。六十年来，除了方法和手段有很大变化之外，其概念与目标至今并没有什么能引起人们警觉的变化。

问题三：如今人工智能的智慧最高达到什么程度？近年来哪些技术的出现促进了人工智能的发展？人工智能真正能取得突破需要什么样的先决条件？

显然，这都是社会大众十分关心的问题，但遗憾的是，有些我不能回答，因为我根本就不知道人工智能的“智慧最高”是指什么，也不相信有什么“智慧最高”的人工智能存在。

但人工智能在过去六十年的确取得了巨大的进展和成果。近十余年来更是在自然语言处理、机器学习、智能搜索等领域获得了辉煌的成绩，特别是计算智能异军突起，为智能产业的兴起立下了汗马功劳。今天，智能手机进入千家万户，已经并仍在改变着我们的社会形态。中国能有 BAT 为代表、美国能有 FLAG 为表征的新型产业公司，而且都是从无到有，在极短的时间里兴起，并且发展势头迅猛，就是明证。

深度学习和 IBM 的 Watson 系统更是时下媒体的明星。这些技术和系统的确取得了重要突破的阶段性进展，促进了人工智能的当前发展。但我们也不能过度宣扬和放大其效果，毕竟，它们离人工智能的目标还差很远。而且，目前从这些技术上根本看不到迈向人工智能的较为一般的途径。

至于人工智能真正突破需要什么样的先决条件，也是仁者见仁、智者见智。我当学生时，大家公认常识的表示、处理、理解、利用是人工智能的难点和关键。三十多年过去了，今天我仍然认为常识的问题是人工智能的突破口，但已基本放弃了对解决常识问题一般通用方法的追求。因为理论和实践越来越清楚地表明，尽管计算和内存能力越来越强，但常识问题似乎只能具体领域具体解决，所谓大数据思路更是如此。

问题四：人工智能里的神经网络、进化算法、遗传算法等，这些名字听起来和人脑机制一样的人工智能，实际上和人脑思维的方式差别有多大？

神经网络、进化算法、遗传算法，都是计算智能的核心内容。它们与人脑机制和人脑思维的关系，就像诗歌散文同现实生活与大自然的关系一样，都是源于“生活”，“高”于“生活”，而且一定异于“生活”，且不可望文生义。生物、医学、神经生理学家还没有完全弄清人脑机制、人脑思维是什么，计算智能想仿也没有明确的途径。

当然，这些计算智能方法最初的提出受已经认识到的人脑、生物机制的启发很大，并在发展中受其影响，就像诗歌的创作受生活的启发影响一样。实际上，有些听起来像人脑机制或人脑思维的智能方法，其实差别很大，几乎是风马牛不相及。

问题五：有人认为谷歌这样的公司正在用搜索技术来改善人工智能，而非用人工智能来改进搜索技术，它的每次搜索都是在改进人工智能技术。对此您怎么看？

科学上，“研究”的英文本来就是 Research，就是 Re（再） + Search

（搜索），即“再搜索”之意。具体到谷歌这个公司，个人认为，正确的说法应为：它的每次搜索都是在人工智能技术引导下完成的。

搜索本来就是人工智能的一个极其重要的内容，人工智能技术对谷歌的搜索技术贡献巨大。谷歌从单纯搜索到无人车、机器人、可穿戴移动装置，更是越来越得益于并越来越像一个纯粹的人工智能公司。谷歌靠人工智能有了今天，更要靠人工智能走向明天。所以，谷歌对人工智能技术有所贡献，理所当然，但不可本末倒置。

问题六：前些时候比尔·盖茨、埃隆·马斯克和霍金发表了“人工智能威胁论”，学术界和产业界对此进行了各种讨论，您对人工智能的未来持什么态度？

当一个话题热起来之后，各色的人、各样的动机、各种的观点都会涌现。我尊重任何人发表任何观点的权利，但对“人工智能威胁论”“奇点理论”之类的论调，我的态度是坚决反对。人工智能其实还非常初级，“威胁论”“超越奇点”怕是在梦里都做不到。不过，这些言论对人工智能的发展还不能造成实质性的伤害，反倒能够引起大众的更多关注。

我对人工智能持非常乐观的态度。而且，个人觉得这是历史上人工智能发展的最好时期。人类即将进入一个以知识自动化为特征的崭新科技与生产时代，智能技术在其中会起到关键和核心的作用。为此，未来的人工智能发展，不应再是只关注“高大上”的工作，而是应当从小处着手，讲究实效，面向社会民生，以“众包”的形式，让社会普通大众的智能充分发挥出来，使智能技术进入生活与工作的每一个角落。这才是人工智能真正的突破。

问题七：在人工智能的历史上，人们曾走过哪些误区？对后来有什么启发？你认为现在人们对人工智能最大的误解是什么？

历史上人工智能曾走过许多误区，至少两次进入“人工智能的冬天”。其间教训非常多，也非常深刻，而且多是由于过高、过快、过大地评价或展望其方法与技术，给资助机构和大众造成无法兑现的期望所造成的，所以最大的教训就是：多干少说，坚持不懈。

举一个具体的例子：神经网络方法。这个方法提出之后，风行一时，但因一位权威人士的一个简单的反例和反对，就被“雪藏”了近二十年。后来有人发明“反向误差传递”的算法后，神经网络再度抬头，接着兴旺了十余年，但随即再次陷入了发展停滞阶段。然而，Hinton 等人坚持不懈，几年前又提出了深度学习的方法，使神经网络技术重新回到计算智能的主战场，再次成为解决压缩、分类、识别等重要问题的主要工具。尽管我不认为深度学习是人工智能的核心方法，但这种不懈的劲头就是发展人工智能所应有的精神。

至于人们对人工智能的误解，简单地讲，就是把文学和科学混淆了：一些号称专家的人士，用文学的语言放大科学上的成果；可怕的是，大众中许多人却以科学的劲头去认识、相信、宣传这些专家的观点。在一些西方发达国家，这类误解不是太大的问题，但在中国，这些“误解”很多时候会造成实际的后果：轻则经济损失，重则败坏科技甚至社会的正当规范和秩序，值得我们反思并且深思。

问题八：未来十年，人工智能可能会在哪些领域取得突破？它会如何改变人们的生活？

人工智能或智能技术将同计算机技术一样，深入生活、学习、工作的每一个角落。而且，就像今天社会上很少有人谈论电机一样，不久大家也会不再谈论计算机，只谈智能技术。今日计算机在大家心中之地位，就是五十年前电机之地位。不用五十年，计算机就会同电机一样，消失于无处不在之中。

未来十年，我希望人工智能在知识自动化上有重要突破，助力智能制造、智能网络等智能产业的兴起。通过软件定义的系统，以及虚实互动的平行智能技术，构建智慧农业、企业、城市、社会和健康体系，使我们真正进入一个智能的时代。

工业自动化使我们进入了工业时代，深刻地改变了我们的生活方式，人类从此告别农业时代。同样，知识自动化的智能技术也将深刻地改变我们的生活方式，并将把人类社会推向崭新的知识时代，一个更加公开、公平、公正的社会形态。

延伸阅读 | Extended Readings

人工智能的黎明

《经济学人》撰文　阿 moyz 译

核心提示

监视与下岗显然不是霍金、马斯克和盖茨这三位先生所担忧的问题，也不是近些年激发好莱坞将众多未来式的 AI 电影搬上大屏幕的源泉。他们的担忧显得更为遥远，也更具有毁灭性：拥有超人的认知能力的自主机器人与智人（Homo sapiens）之间的利益冲突所招致的威胁。创造一个独立自主的非人类智能体的前景就犹如鬼魅一般非同寻常，确实存在风险。然而，人们更不应该忽视 AI 技术的黎明为人类所带来的巨大利益。

强大的计算机将重塑人类的未来。而人类又该如何确保科技的发展能够超越其潜在的危险呢？

"人工智能的彻底发展可能将招致人类的终结"，斯蒂芬·霍金如此警告道。埃隆·马斯克担忧 AI，即人工智能的发展可能将成为全人类面临的最大生存威胁。比尔·盖茨也强调人们应该提防这项技术的发展。

人们害怕自己所创造的东西可能成为自己的主人或刽子手，这种想法早已不是什么新鲜事。但这些声音若是出自一个享负盛名的宇宙学家、一个硅谷的企业家和微软的创建人，同时这些人还表示抵制对犹如谷歌和微软等大公司研究的 AI 项目进行大规模投资，这样的担忧便有了新的影响。在人人口袋里都揣着超级电脑，无数机器人俯视着每一块战场的今天，仅仅如同科幻小说一般将其冷藏似乎也显得有些自欺欺人。关键问题是，如何理性地思考这种担忧。

计算机现在能做什么

首先需要做的是认识到计算机现在能做到什么，它们在未来又有可能做到什么。数据处理能力的提升与日益丰富的可用虚拟数据，AI 在其功能上享受到了猛烈的发展。如今，通过"深度学习"系统，即对某个人类大脑表层的神经元进行复制并吸收大量数据，AI已经能自学完成包括从模式识别到翻译等在内的任务，并几乎已经能代替人类完成了。于是，以前曾经还需要人脑完成的事情——解释图片或玩一盘电子游戏《青蛙过河》，现在已经成为电脑程序的一部分。2014 年在 Facebook 上公布的 DeepFace 算法，在人脸识别的准确率高达97%。

当今的 AI 技术是通过无理性的数据处理制造出接近智能的形态，本身并无意愿估计出人的心智是如何使人类拥有意志自由、个人兴趣与欲望。计算机如今还不具备广阔、流畅的自主推算能力、判断与决定能力，它们距离传统人类理性层面上的智能还有一段距离。

然而 AI 技术已经拥有足够的能力对人类生活产生令人瞩目的影响。它已经能够通过弥补人类的能力极限来推进人类的开拓进程。比如，国际象棋，如今计算机能比随便某个人玩得还要好。然而世界上最优秀的玩家并不是机器，而是一群被国际象棋大师加里・卡斯帕罗夫（Garry Kasparov）称为“半人马”的组合：一群由人类与计算机演算法配合组成的团队。这样的人机组合可能将在未来成为各种工作与活动中的常规：在 AI 的辅助下，医生们在医疗图像中发现癌细胞的能力将大大增强；智能手机里的语音识别算法，将使第三世界数百万不识字的人们也能够进入互联网的世界；数字处理将能够为学术研究提出更靠谱的假设；图片分类算法将使得便携式计算机能够帮助人们对现实世界的事物分类出更实用的信息。

技术发展的隐忧

然而，任何新事物的产生，都不能只有积极影响。对于 AI 技术被引用到政府的安保设备中，AI 技术所拥有的监听数十亿个对话并能通过不同人的声音与面部动作从人群中分辨出每一个市民的能力，都将给个人自由带来极大的威胁。

此外，即便社会可能从 AI 技术中获得广泛的利益，还是会有很多人因此而蒙受损失。最原始的“计算者”其实就是那些做单调乏味工作的员工，通常还都是女性，她们常常需要为自己的上级完成无休止的计算，之后晶体管代替了她们的工作，而未来 AI 也很有可能将代替所有白领大军的工作。在教育与培训的帮助下，借助 AI 所创造的财富将被用在新的事业中，新的岗位也将因此而产生。工人们注定要离开他们的岗位。

不过，监视与下岗显然不是霍金、马斯克和盖茨这三位先生所担忧的问题，也不是近些年激发好莱坞将众多未来式的 AI 电影搬上大屏幕的源泉。他们的担忧显得更为遥远，也更具有毁灭性：拥有超人的认知能力的自主机器人与智人（Homo sapiens）之间的利益冲突所招致的威胁。

未来还遥远

这样的人工智能机器人的诞生还有很漫长的一段路要走；当然，这样的机器人也可能永远无法被创造出来。尽管近一个世纪以来人们对人脑东搜西索般的探索，心理学家、神经专家、社会学家与哲学家要理解人类心智的组成，甚至是弄清楚人的心智是什么，都还有相当长的一段路要走，更别说那些拥有独立兴趣与意志自由的智能机器。就算它们能力有限，将它们运用在商业领域的结果会如何，这就更说不清楚了。一辆车自己能开得比车主好，这似乎是件很有价值的事情；然而如果一辆车拥有意志知道自己的目的地是哪儿，这就没那么好说了。

然而即便霍金先生口中预测的“彻底”发展的 AI 仍旧遥远，谨慎而言整个社会还是需要做好应对的计划。做法其实没有看起来那么难，尤其是因为人类创造出具有超越人类能力与独立利益的自治体早已有一段时间。政府机关、市场与军队，它们全都能够完成那些缺乏援助、无组织的人们所无法实现的事情；它们都需要自治性来实现其运作；都能够自行发展成长并且也都能够造成强大的危害，除非建立一套公正的制度并受到法律与制度的管理。

想到这些同类者的存在，对 AI 深感恐惧的人应该能感到一丝安心。此外，他们还借此为社会提出安全发展 AI 技术的具体方法。就像军队需要受到百姓的监督，市场需要受到法规的管理，而政府的行动必须透明、负责，AI 系统也必须公开接受公众的详细监察。由于系统的设计者并不能预见每一种后果，就应当设置一个中断系统的途径。从核导弹到交通法规，人类已经使用科学的独创思维与法律的严格制约来控制 AI 技术以外的重大创新。

创造一个独立自主的非人类智能体的前景非同寻常，同时也引发各种争议。虽然这当中确实存在风险，但人们不该忽视 AI 技术为人类带来的巨大利益。

人工智能如何计算“善恶”

吴晓波　张一鸣

核心提示

传播的职能是时事的知晓与对之的判断。而对善恶的判断，是人作为这个地球上最高级动物的根本属性，如何可以将之托付给一大堆化名为“上帝”的服务器？更大的问题是，谁在控制服务器，是另一台服务器，还是有判断力的人。在今日中国，信息的快速传播本身，或许能够以“失控”的方式，给予人们以获取信息的自由。技术进步正在加快，如果不能阻止它，我们就努力让它朝我们希望的方向发展。

在过去的一年半里，Google的无人驾驶汽车默默往返于旧金山和洛杉矶之间，已经安全行驶了两万多公里。可是在硅谷，人们一直在讨论一道难题——汽车行至悬崖，路旁突然蹿出一个推着婴儿车的妈妈，车若避人，掉入深渊，车若前行，碾压母女。如果司机是人，绝大多数将本能地躲避婴儿车，可是如果人工智能控制汽车，则一定会选择保护乘客。

人类社会的任何行为，最终都可以从工具理性和道德伦理两个层面进行解读。在某些时候，它们将发生尖锐的冲突，而所谓的进步或意义会在这种冲突中变得非常模糊和纠结。张一鸣目前的工作，是用机器计算出人的喜好，进而把你关心的新闻推送到你的面前。正是这套异乎寻常的新闻抓取方式，让《今日头条》异军突起，成为当今中国传媒界最炙手可热的移动新闻产品。

吴晓波：《今日头条》再一次证明了当今行业突变的基本特征：几乎所有的颠覆者都不来自本行业的既得利益集团。同时，它的“算法哲学”也对经典意义上的传播学

吴晓波
财经作家
张一鸣
《今日头条》创始人

提出了很多的挑战。比如，一个人对任何新闻都存在“好恶”判断，可是机器是怎么知道我的“好恶”？

张一鸣：我们面临如何知道用户的喜好，但方法并不是直接研究喜好，而是计算希望近期达到的目标。《今日头条》给用户推荐资讯，我们肯定是希望用户看。我们有一个最重要的指标是“信噪比”，会预测用户在100条内容里面，哪些会点击打开、评论或分享，这是不是一定能够代表他的好恶？不完全，但是接近。比如，我们发现，分享和收藏与评论用户是不一样的，我们会根据这些动作给他一个权重，让机器预测用户行为，但机器不是直接算出“好恶”，而是根据跟它有相同属性的一群人来预测。一个人如果有一个助理，他看你每天看什么东西，哪些东西看得特别认真，开始给你推荐简报，开始推荐100条，没有你感兴趣的，后来越来越多，机器是模仿这个过程。第一是能够感知你做了哪些动作；第二是能够记忆下来；第三是能够理解这个规律。所以，这其实不是感性地理解你的“好恶”，而是看你的使用规律。

吴晓波：在传播学上有“回音壁效应”，即每一个人都有自己的兴趣偏好，如果机器所推送的内容都来自于此，那么，这种偏好就会自我强化，终而形成一个内生性的知识闭环。凭借爱好而计算出来的推送内容，久而久之，会不会把用户的知识多样化给破坏掉？

张一鸣：我们在建模的时候已经警惕到了这一现象。在这个过程当中，别的用户也在看他的喜好，我们会把跟你有一定关联性的用户传播给你。同时我们还有公共话题效应，会做一点探索，因为事件很大，不仅要探索深度兴趣，广度上也要探索。自我强化肯定会存在，但这个跟技术没有关系。很多人给他很多选择，每天告诉他这个世界非常大，非常不一样，他还是看自己关注的那部分。针对现在的产品而言，从系统角度出发，一定是在更多范围内调配信息，让信息在更大的时空维度、更大的幅度上流动，所以我觉得是促进了信息传播。

吴晓波：与“好恶”相比，传播学里的另外一个重要问题，是“善恶”。因为，每一个新闻的背后都有价值观的判断。作为一个“公器”，无论哪一种形态的媒体都将呈现出自己的审美取向和价值判断，就好比

Google 的无人驾驶汽车很难在悬崖边作出判断一样，《今日头条》的计算机如何作出“善恶”的判断？

张一鸣：先回答汽车自动驾驶问题：首先，人对计算机有影响，以后要对程序做审计，因为程序代表人的意图，你可以保护司机，但是要有限度。2014 年有一个新闻，深圳机场一名女司机，为躲避行人撞了十几人。自动驾驶出现之后，至少可以防止这种类似问题的出现，因为机器是冷静、理智的；第二，在同一时期，交通事故死亡人数会减少。如果做不到这个，就不会让自动驾驶进入业界；第三，车况要审计。不能为了一个驾驶员的生命牺牲更多生命，应该要有一些原则。总体而言，我是非常乐观的，能说服你吗？

吴晓波：一鸣是典型的工程师思维。世界上的人分为两类：一类是理性人，他们认为通过理性、通过数据能够构建一个世界；另一类人是感性人，他们怀疑工具理性，而更愿意用价值观来衡量一切的事件。回归到机器和传播关系，我就担心，未来我们手机后面是否会有一个“老大哥”，他以工具的名义决定我们该做什么，不该做什么，该知道什么，不该知道什么。

张一鸣：我相信，在今日中国，信息的快速传播本身，或许能够以“失控”的方式，给予人们获取信息的自由。机器分发信息时，首先要看到，更长尾的信息被广泛而快速地分发。没有搜索引擎之前，你能接触到的信息是有限的。在传统时代，我们一份报纸或者一家电视台，由部分人决定哪些内容被大家观看。但有了搜索引擎后，更多长尾内容能够被有效分发，也许分发还不准确，受一些条件限制，总的来说，会比一个主编控制媒体分发内容更广。这对于社会经济具有重要意义。

吴晓波：人工智能技术对传播的干预与控制，才刚刚开始，它有可能重构传播的生态。在我的担忧和一鸣的乐观之间，如何能够达成真正意义上的妥协？

张一鸣：机器的善意，是由人的善意所决定的。我和我的团队认同这样的观点。技术是一个杠杆，它能够让个体变得更大。一个徒手的坏人可能没有很大威胁，但是一旦有生物技术或核技术的协助，就会造成很大威胁。计算机也是，如果监管得不好，漏洞会被少数人利用，如侵入交通系统，误导交通网络，会带来非常大的问题。但我相信技术进步正在加快，这个世界在加快，如果不能阻止它，我们就努力让它朝我们希望的方向发展。

名家观点 | Experts' Viewpoints

马 云 阿里巴巴创始人、阿里巴巴集团董事局主席

机器人必将成为生活的一部分

人类的第四次产业革命，将是在机器人实现了人脑和人脚的功能后，将人类的心和情感赋予机器人。

很多人都问我，机器人今后会变成什么样子？它会抢掉我们的工作吗？无论你喜不喜欢，就像汽车和飞机一样，机器人以后可能会变得非常普及；它是一个机器，将来可能成为家庭的一员，而且它会发挥非常重要的作用。在三十年内，这个产业会得到进一步的飞跃发展。不论我们喜不喜欢，机器人都会成为我们生活的一部分，未来就是这样，我们现在已经做了这样的准备。

李彦宏 百度公司创始人、董事长兼首席执行官

人工智能技术的前景在于“连接人与服务”

过去十几年我们做的最重要的事情，就是“连接人与信息”。但是我们认为，未来有一个更加让人兴奋的可能性，就是我们不仅仅可以“连接人与信息”，还可以“连接人与服务”。以前计算机可以告诉你108000日元等于多少美元，明天的天气怎么样。而现在和未来计算机可以满足更多的需求，比如：我要去机场，下午4点帮我订好；晚上8点半我要看电影，要第五排的座位，帮我订好；后天要出差，要住什么酒店，这些全部都可以做到。人工智能技术可以无缝地把线上线下各种各样的东西联系起来。人工智能技术的发展，使得机器更能精确地理解人的意图。

H. 詹姆士·威尔逊 埃森哲高性能信息技术和商业研究机构总经理

区别工业机器人和服务机器人大有裨益

国际机器人协会（IFR）将现今的机器人分成两个主要类别：工业机

器人和服务机器人，并将工业机器人定义为“自动控制、可重复编程、具有三个或三个以上可编程轴的多功能机械臂，可以是固定的或移动的，用于工业自动化应用程序”。多年来，工业机器人扮演着真正机器人的角色。

在经济领域，工业机器人总是占有一席之地，但新手——服务机器人也登上了舞台。根据 IFR 的定义，此类机器人由于可以完成工业应用程序以外的各类工作的自动化机器构成。这就意味着，服务机器人具有个性化和专业化设置：工作时的远程监控机器人、手术室中的机器人、帮助学生学习编写代码的教育机器人、探索海洋的研究机器人、帮助宇航员进行维修的太空机器人，等等。

结合工业机器人和服务机器人，我们可以为机器人概括出一个基本的定义：设计、制造和实施的用于帮助人类执行任务或提供服务的人造系统。

瞬间与永恒

文/阿　朦

1951年4月27日，《中国青年报》在北京创刊，除了中间停刊的12年以外，延续至今。

图像总是被作为最原始意义上的教化手段。一份绵延64年历史的媒体，曾经影响过中国政治格局的变迁，在每一个历史瞬间记录下中国社会生活的细节，以新闻的名义留下日久弥新的印记。

时代造就影像。影像则让我们在回望之时，寻找分辨来程与归途的路标。我们走过最好的时代，也走过最坏的时代；走过智慧的时代，也走过愚蠢的时代；走过信仰的时期，也走过怀疑的时期；走过光明的季节，也走过黑暗的季节；走过希望之春，也走过失望之冬。

庆幸的是，市场经济的芬芳气息，终于弥漫在中国社会的每一个角落，所有的非议和指责已经被匆匆光阴卷进发黄的故纸堆中。人们习惯了接受中国正在发生着的一切——从充满阳光的现代生活到间或出现的小小烦恼。

中国的改革之路没有浪漫曲，每一次深刻的觉悟都是在痛苦中告别过去。

中国的改革之路没有顺风车，每一步艰难的迈出都是在风险里走向未来。

（文中所有摄影作品均来自《中国青年报》，特此鸣谢）

北京第一辆汽车诞生　1958年

舒　野

1958年6月20日，北京第一汽车附件厂生产出北京第一辆汽车——井冈山牌小轿车。当天汽车开进了中南海，朱德同志亲笔为工厂题写了新厂名“北京汽车制造厂”。

知识青年到农村去　1964年

铁　矛

1964年8月31日，北京市第一批中学毕业生出发去北大荒，在北京火车站受到热烈欢送。1964年年初，党中央、国务院发布了《关于动员和组织城市知识青年参加农村社会主义建设的决定（草案）》，此后城镇知识青年上山下乡运动在我国全面展开。

小平您好

1.小平您好　1984年　贺延光

1984年10月1日，参加庆祝中华人民共和国成立35周年群众游行的北京大学学生，突然举起“小平您好”的横幅，通过天安门广场。

2.士兵与玫瑰　1986年　贺延光

1986年6月8日，参加中越边境作战的解放军某部回师山东，在站台休息。欢迎他们的市民向士兵献上了玫瑰花。

3.倒闭后的滋味　1986年　郑　鸣

1986年8月23日，沈阳防爆器械厂宣布破产。这是新中国成立后第一家正式宣告破产倒闭的公有制企业。8月25日，厂里30名待业员工和82名退休职工，分别领取第一个月的破产救济金，被冷落的原厂长石永阶闷头抽烟。

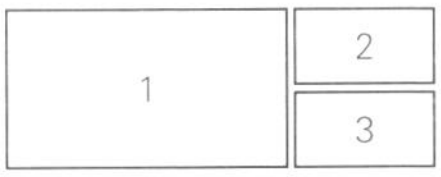

1.在天安门前走秀　1988年　刘占坤

1988年11月24日，模特彭莉在北京天安门广场金水桥走秀。三个月前，在意大利举行的“今日新模特”大赛中，彭莉从来自26个国家的51名参赛模特中脱颖而出，成为新中国历史上第一位国际模特大赛冠军。

2.毕节矿工　1992年　程铁良

1992年1月，贵州省毕节地区织金县一矿洞内，工人正在搬运无烟煤。他们并不知道，身后的煤中含有大量的氟。织金县作为全国氟中毒的重灾区，不少当地人由于受燃煤污染，患氟中毒，从而导致氟骨症。

3.三峡移民　2000年　晋永权

2000年8月13日，第一批三峡外迁移民离开家园。自2000年8月至2004年8月，因三峡水利工程建设，中国政府历时5年，从三峡库区向包括上海、江苏、浙江、广东等省市外迁移民16.6万人。

胡同里来了圣诞老人　1998年

李建泉

1998年，装扮成圣诞老人的瑞冯・胡思迪先生出现在北京的胡同里，周围的一切让他感到好奇，而他的到来也让胡同里的北京人感到新奇。

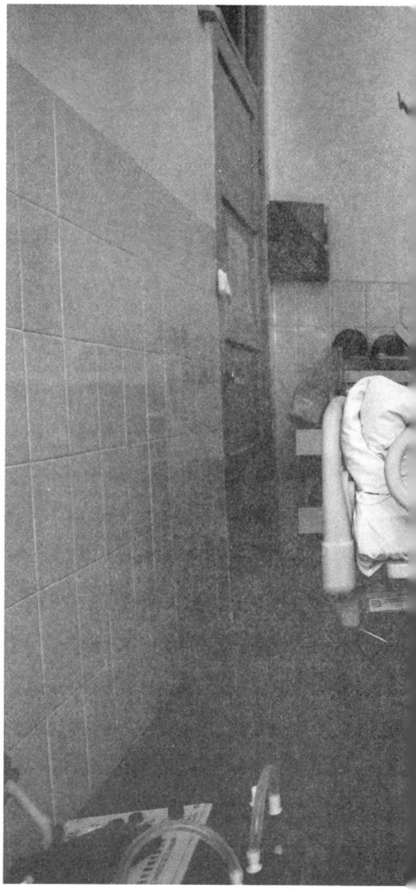

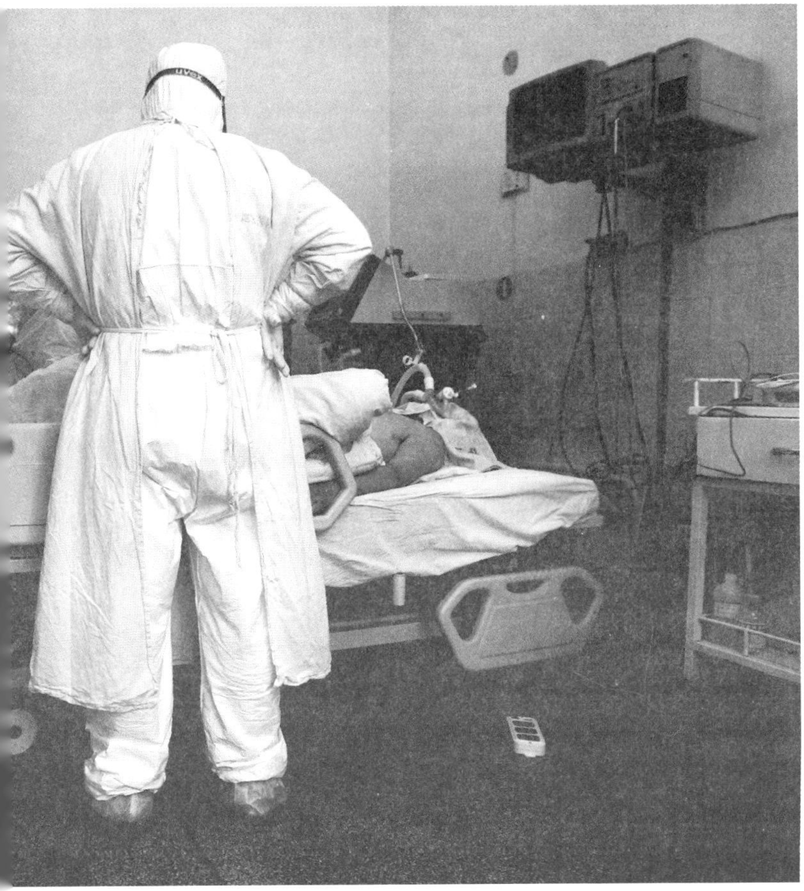

1	3
2	

1.转山　2002年

李建泉

2002年，西藏阿里，岗仁波齐神山，藏族信众迎着朝阳走在转山的路上。岗仁波齐是恒河、印度河和雅鲁藏布江等大江大河的发源地，是藏传佛教、印度教和原始苯教等教的朝圣中心，有“神山之王”的美称，每年都有许多信众前来朝拜转山。

2.回家　2008年

贺延光

2008年5月15日，父亲程祥林背着儿子程磊的遗体回25公里外的水磨镇，要让17岁的孩子与家人过最后一夜。在映秀镇漩口中学读高一的程磊，在汶川大地震中不幸遇难。

3.非典病房　2003年

贺延光

2003年4月30日，北京地坛医院。一位SARS患者因抢救无效不治身亡，一名医生久久地站在他的遗体旁。

世博会开幕　2010年

刘占坤

宋祖英在上海世博会开幕式上演唱

夜3

微光守候回家路　2014年
陈　剑
2014年10月9日，一辆公交车行驶在北京的雾霾之夜。

为文革“道歉” 2013年

陈 剑

2013年10月7日，陈毅元帅之子陈小鲁回到母校北京八中组织“文革”道歉会。回想起往事，陈小鲁不禁皱起眉头。对于“文革”，他表示：“那是一段不堪回首、但要终生面对的日子。”

Culture 文 化

主题主编 杨兆敏

文化消费，通俗还是媚俗

网络文学，悄然崛起

文化消费，通俗还是媚俗

01

KEEPING THE
MINUTES OF CHINA
WITH THOUGHTS

主题文章

马小盐　中国式庸俗审美有了新的传承人
叶　开　消费主义狂潮下的文学困局

延伸阅读

张江等　在文学成为消费品时重塑文学的“真”
廖　廖　知识分子的缺席和艺术沦为权力与资本的工具

名家观点

薛亚军　潘知常

主题文章 | Key Articles

中国式庸俗审美有了新的传承人

马小盐

核心提示

张嘉佳之所以在大众情感文化中得宠，是因他的“睡前故事”是一些情感创伤者的“童话”。它的受众，大多是一群弗洛伊德所言的一直拒绝长大的处于婴孩期的情感病人。从杨朔（散文）—汪国真（诗歌）—张嘉佳（小说），三种文体在不同时代各领风骚之上，我们可以看出中国大众文化的审美，几十年如一日地停滞在语言学的地平线上，原地踏步，跳着贫瘠守旧的中国式圆舞曲。

张嘉佳《从你的全世界路过》，成了“都市病人”们的睡前读物，而他所创造的童话和童话背后空洞无物的抒情，也按摩到了那些无爱患者。在课本上读着《荔枝蜜》中煽情语调长大的一代人，也到了经历爱情得与失的年龄，张嘉佳成功接过了这只接力棒，继续倡导爱就要无怨无悔这一简单而直白的情爱价值观，也继续传承着贫瘠守旧的中国式庸俗审美。

给“情感巨婴”讲“睡前故事”

交通工具与互联网虚拟世界的发达，导致人们的交往越来越方便，越来越密切。在这密切的交往之中，各种都市情感焦虑症以疾病的症候呈现出来。转瞬即逝的擦肩而过，纯粹发泄的一夜性，加速度的人际交往，使人成为一种迷失在情感涡流中不知所措的动物。大都市的情感病人日益增多，情感作家于是应运而生。诸如陆琪、张嘉佳之类的情感巫医，便是这样的时势英雄。

马小盐
小说家，文化批评家，现在《延河》杂志任职一位负责任的情感作家，应该是三位一体的：他既是忏悔神父（聆听情感隐私），又是心理医生（负责情感诊断），更是情感导师（指引情感未来）。然而，在中国大众那里得宠的情感作家，于此相去甚远。他们不是倡导物质主义的蒙古大夫，譬如陆琪，便是煲情感鸡汤的仁波切，诸如张嘉佳。陆琪诸多情感言论的反智主义倾向，早已被广大网民所嘲弄，在此不一一列举。张嘉佳平庸的情感按摩指法，直到如今，还不曾被好好解析，现在我们就简单分析一下。

据传，张嘉佳大红的原因，是他在互联网上发表的“睡前故事”。众所周知，睡前故事是讲给小孩子们听的故事。父母为了哄孩子入睡，一般讲讲语言优美、结构简单、情节唯美的童话故事，安抚孩童入睡前的稚嫩心灵。张嘉佳之所以在大众情感文化中得宠，是因他的“睡前故事”，是一些情感创伤者的“童话”。它的受众，大多是一群弗洛伊德所言的一直拒绝长大的处于婴孩期的情感病人。张嘉佳的小说对他们而言，简单易懂，不用思考，直击泪腺。这些“情感巨婴”在被张嘉佳的唯美爱情故事催眠的同时，还被那些空洞无物的抒情语言按摩着缓解自身的情感焦虑。

小说里的“杨朔体”

张嘉佳的小说文本，大多结构简单、语言粗糙、故事情节类同：一段搞笑受伤的爱情故事，一位百折不挠的受虐式爱情圣徒，几句华而不实的情感励志语录。这是张嘉佳情感小说吸引大众的三大法宝。它受惠于张嘉佳的另一身份：电视编剧。张嘉佳可能是一位不错的电视编剧，但绝非一位好的小说作家。因为作为一种大众文化的传播工具，电视剧本的美学意识形态与小说艺术的美学意识形态并不尽相同。电视剧本对语言的要求比起小说对语言的要求，门槛颇低。大量通俗易懂的对白性语言，是电视剧本推动情节前进的动力。读张嘉佳的小说，实际上读到的是一个粗糙版电视剧本，你会看到各种各样肤浅的语言大杂烩：流行移语、网络用语以及故作小情怀、小情调而空洞无物的“杨朔体”讴歌语。

张嘉佳的小说，每每读到结尾的时候，你会怀疑语文教科书里那令人掩鼻的“杨朔体”在张嘉佳小说文本里借体还魂。只不过杨朔写的是散文，张嘉佳写的却是小说。

杨朔的《荔枝蜜》中，在几大段关于蜜蜂的夸大赞扬之后，以煽情的语调写道：“多么可爱的小生灵啊，对人无所求，给人的却是极好的东西。

蜜蜂是在酿蜜，又是在酿造生活；不是为自己，而是在为人类酿造最甜的生活。蜜蜂是渺小的，蜜蜂却又多么高尚啊！”张嘉佳小说则是主人公们在受虐千遍之后，在诸如此类的情感鸡汤中自我解脱：“我们都会上岸，阳光万里，去哪里都是鲜花开放”（参见《摆渡人》）。“我觉得这个世界美好无比。晴时满树开花，雨天一湖涟漪，阳光席卷城市，微风穿越指尖，入夜每个电台播放的情歌，沿途每条山路铺开的影子，全部都是你不经意写的一字一句，留我年复一年朗读”（参见《骆驼和他的姑娘》）。“雨过天晴，终要好天气。世间予我千万种满心欢喜，沿途逐枝怒放，全部遗漏都不要紧，得你一支配我胸襟就好。”（参见《他们开放在别处》）等。

读者只要仔细，便会发觉，张嘉佳小说中密布着这样的语句。这些句子里的关键词往往是：阳光、雨、花、微风、欢喜、路途……这些词汇表，是低层次文艺青年最喜欢的浪漫词汇表，也是情感仁波切们认为最为诗意的词汇表。年纪略大的读者可能会觉得非常眼熟，因这个词汇表，也是20世纪90年代诗坛流行歌手汪国真诗歌中使用频率最高的词汇表。对语言敏感的作家都知道，无论如何组装，这些词汇也只是吸引大众欣赏的粗鄙化妆品，它与诗意无关，而与大众的庸俗审美有关。

但同为情感作家，相比陆琪的情感价值观，张嘉佳的情感价值观更为健康活泼。他所有的小说，并不倡导物质至上、唯利是图，而是倡导“爱就要无怨无悔”这一简单直白的情爱价值观。这对具有孩童人格的情感创伤者而言，确实有按摩式理疗效果。我想，这是张嘉佳小说唯一值得赞美的地方。

从杨朔（散文作者）—汪国真（诗人）—张嘉佳（小说作者）三种文体在不同时代各领风骚之中，我们可以看出中国大众文化的审美，几十年如一日地停滞在语言学的地平线上，原地踏步，跳着贫瘠守旧的中国式圆舞曲。

消费主义狂潮下的文学困局

叶　开

核心提示

“村上春树”这个名字已经成为了一种重要的文化符号，很多“小知”青年连名字的正确写法都没搞清楚，但这并不妨碍他们的热烈追捧。“异域风情”是消费主义时代中小资文化的核心机密之一。在以“小知”青年为核心的消费群体中，“乡村欲望叙事”或“民族苦情叙事”都太沉重了，无法跟“时尚感伤叙事”抗衡。轻小说和浅阅读，让整个时代轻质化，而我们的灵魂，也一直无处栖居。

获奖也敌不过村上春树

中国作家莫言获奖在国内引起了强烈的反响，官方和民间都忙于用现成的绳圈套在作家的脖子上，企图把他扯在半空，作为一面旗帜或者成为一个祭品。但不管是旗帜还是祭品，那个被抽象化的“莫言”都只是一个“稻草人”，而不是“莫言”本人。不同角度有不同“莫言”。“作家莫言”曾说，他们在谈论一个跟自己无关的人。“作家莫言”和人们一起在谈论“莫言”这个符号。当各种争论、各种批评、各种声音尘埃落定时，什么也没有剩下，只是在书架上搁浅着没有多少人读过、更多人只知其名不明其内容的莫言作品集。

随着时间的流逝，对莫言现象的狂热话语消费很快就沉寂下来。一年转眼就过去了，诺贝尔文学奖“新人”爱丽丝·门罗又已经被揭晓。

诺贝尔文学奖揭晓时，爱丽丝·门罗只有唯一中文译本、短篇小说集《逃离》在销售。十几天过去，爱丽丝·门罗立即被冷落下来，记者们采访各地书店发现，即

叶　开
作家，《收获》杂志编辑部主任，副编审

便得到“诺贝尔大神”的加持，爱丽丝·门罗作品的销售量也无法跟村上春树匹敌，更没有出现去年莫言获奖时相关著作铺天盖地的喜人景象。

近十年来，诺贝尔文学奖得主的作品在中国的销量，没有一位能跟日本作家、一直在诺贝尔文学奖呼声榜上炙手可热、然而一直名落孙山的村上春树先生竞争。莫言在严肃文学创作中已属销量不菲的作家，获得诺贝尔文学奖之前，他的作品在销量上也无法跟村上春树相提并论。即使获得了诺贝尔文学奖，莫言作品今后的长期销量，在中国图书市场也会败给村上春树。

这并非新世纪的怪异现状，而是身边的现实。中日关系持续微妙变化着，但一点都不妨碍村上春树的长篇小说《挪威的森林》在中国大卖。20世纪90年代以来，这部长篇小说的中文版合计销量超过400万册以上，以中国低迷的原创小说市场量来看，这是一个天文数字。在日本国内，这本小说从1987年出版到2009年的销量已经突破1000万册。“村上春树”这个名字已经成为一种重要的文化符号，很多“小知”青年连“村上春树”名字的正确写法都没搞清楚，不少人误以为是“春上村树”，但这并不妨碍他们的热烈追捧。

“村上春树”的味道

“村上春树”这四个字营造出来的气氛：委婉、凄美、感伤。这四个字还构成了一种动感语言，“村上”和“春树”可以互相修饰。作为一个完整的四字句子，可以展开想象成一幅意境悠远的中国山水画，还具有日本文化中那种飘逸的、很难留住的易逝伤感。一种兼顾现实与非现实，存在与非存在的意境，从这个名字中强烈地体现出来。最能体现“村上春树”这个名字优点的小说题目是《挪威的森林》。“挪威”这两个字透露出来的异域风情，是这款风味产品的迷人添加剂。如果作者名字改成“村上秋树”，就会变得土气。“挪威的森林”改成“日本的森林”呢？小说题目特有的异域气息就荡然无存。如此组合，这本书就不一定如此风靡了。

“异域风情”是消费主义时代中小资文化的核心机密之一。有些青年作家已经破解了这个密码，取笔名时直接模仿，还有人干脆取英文名字，把自己从土特产“置换”成舶来品。带着异域气息的名字，在中国大小城市风靡一时，人们的嘴巴里划过这些词语的痕迹，如同被咒语击中一样神情恍惚地走过大街小巷。

本土作家“莫言”配上《丰乳肥臀》，是一种“乡村欲望叙事”；“莫言”与《生死疲劳》结合，则是“民族苦情叙事”。在以“小知”青年为核心的消费群体中，“乡村欲望叙事”或“民族苦情叙事”都太沉重了，无法跟“时尚感伤叙事”抗衡。村上春树的叙事技巧之一，是把现代迷惘的青年男女关系扯出一个小小的线头，但不给你看到整个线团——甚至这整个线团根本就不存在——而留下大段的留白，给残存着一定想象力的“小知”青年去按需填补。

六年来，赌博公司又一次把村上春树放在了赔率的榜首上。中国读者太多人喜欢村上春树了。中国媒体代表着中国读者对两万五千里外的瑞典斯德哥尔摩隔空喊话，希望十几个老学究顺应民意把诺贝尔文学奖颁发给村上春树。可惜，这种声音大概是传不到那十几个老头儿们的耳朵里，即使传入他们耳朵，这十几个老顽固也是铁了心肠谁也动摇不了他们骄傲而坚硬的心灵。上次老头儿们给了我们一个诺贝尔文学奖，但群众并不领情，自己在国内就掐了起来，搂在一起滚在地上，以显示自己的武功。如果网络票选、听从群众的呼声，列位看官认为谁会得奖？显然是郭敬明——郭总。

“轻小说”适合“轻阅读”的趣味

在火车的行进中，我很快看完了《寻羊冒险记》。村上春树可以在现实与幻想之间的轻松转换，他似乎拥有一种语言魔力，可以让现实世界突然变得魔幻起来，同时让平凡事物出现不平凡的魔性。村上春树的小说对爱情、对生死、对未知事物，都有一种特殊的观念，而且用词特异，出人意料。在沉重的现实中，村上春树如一根轻飘飘的羽毛，带领芸芸众生白日飞升。

村上春树的“轻小说”无疑适合于这个“轻阅读”世界的趣味。我很佩服他的轻逸，也明白了为何大众如此喜欢这类轻松作品。村上春树的叙事带来了轻淡的感伤、无状的情绪、莫名的惆怅，读完之后，读者一身轻松，带着怅然若失的心态，继续行走在茫茫人世间。

村上春树的好处是，他带来淡淡的感伤和莫名的惆怅，但绝不带来沉重和负担。这就如同一款奢侈包，虽然价格昂贵，背在身上显示出来的却是轻巧的时尚美。奢侈品散发出来的价值，是广告营销中通过俊男靓女的持续灌输虚拟出来的。

奢侈品主要是满足消费者的特殊欲望，不再是因为产品本身的真实效用。对比村上春树，莫言的作品不能给人带来轻逸感和轻松的心情，也不能给消费者带来消费欲望的满足，不能给“小知”青年贴上鲜明易识别的标签。人们为什么要花大力气来阅读大部头的、甚至难读难懂的莫言作品呢？消费主义思潮下的欲望是猛烈而短暂的。这种浅面的满足感，是消费主义时代的主要特征之一。人们需要不停地寻找新的消费目标，来满足这种不断消失的浅满足。相比之下，一种因为长期的阅读习惯而带来的审读阅读愉悦，只能愉悦阅读者本身，而无法跟其他人、其他消费者交换心得。这样，在浅阅读、轻小说中所带来的迅捷的欲望交换需求，淹没了安静的、自我的、孤独的阅读满足感。这恰恰是迅捷、浅面阅读的时代病之一。

中国近代以来一直有得到西方认同的强烈焦虑，获得诺贝尔奖是得到认同的最重要标志之一。然而莫言的获奖却让很多人感到别扭，作为一位创作量丰富，而身份定位暧昧的当代作家，他的获奖给官方和民间都造成了难堪。

莫言那些本来不怎么畅销的、让大多数读者望而却步的大部头长篇小说，在他获奖之后成为热销的商品。围绕着莫言而产生的巨大争议和分歧，主要不是从他的作品而是从他的“道德”指向展开的。

但莫言是一个活生生的人，他以丰富的作品为自己作了一个鲜明的个人定位，他是他的作品、他的人生、他的态度等的综合体。但是，人们却急于简化出、过滤出一个合适消化的“莫言”速食面，冲上一碗开水，就把他给泡了。

时代一直淹没在话语和事件的泡沫中。在这种泡沫里，人们喜欢制造更多的新泡沫掩盖旧泡沫。即便是值得认真阅读、沉静思考的优秀作品，也在这巨大的泡沫海中被泡沫化了。

轻小说和浅阅读，让整个时代轻质化，而我们的灵魂，也一直无处栖居。

延伸阅读 | Extended Readings

在文学成为消费品时重塑文学的“真”

张　江　汪　政　毕飞宇　张政文　姚文放

核心提示

打开爱情，必定是伤感的；打开底层，必定是同情的；打开官场，必定是愤怒的……作家不再忠实于自己的情感，而是钻研什么样的情感制作会被消费，这是当下文学情感表达类型化、模式化的原因。经典文学的真实性绝不是对社会生活简单的摹写和反映，而是在对生活现实高度提纯后，对时代本质的深邃洞见，对人类生存状态的深切关注，是历史规律的真、生活本质的真和人类情感的真。

张　江
中国社会科学院副院长、教授
汪　政
中国小说学会副会长、评论家
毕飞宇
江苏省作家协会副主席、作家
张政文
中国社会科学院研究生院党委书记、教授
姚文放
扬州大学文学院教授

文学要有真情，不要造情

张　江：当下的文学中，有一类现象需要引起关注——对虚构和想象的过度推崇、市场诱惑下文学创作的“订单生产”、文学类型化导致的情感类型化等，同时对生活的真实描绘、作家个体的真实情感，在时下的文学作品中越来越稀薄。传统文学一直视真实为生命。在新的历史条件下，文学还要不要求“真”？“真”已经失效了吗？

汪　政：谁也不曾料到，文学表达真情实感在这个日渐开放的社会再次成为难题。在一个文学不断成为消费品的时代，在一个文学越来越走向娱乐的时代，在一个文学经验越来越让位于虚拟世界的时代，真情实感没有了立足之地，或者常常被淹没。现实世界是如此喧闹，文学需要高度夸张、奇特、新异，才能将人们从现实的狂欢中拉回来。

人们的情感已经被社会情绪所同化、所绑架。人们欢喜着莫名的欢喜，愤怒着别人的愤怒，悲伤着制造出来的悲伤，唯独看轻了自己内心真实的情感。这种情感体验模式不可避免地影响到文学创作。作家不再忠实于自己的情感，而是习惯于琢磨现实世界的情感起落曲线，考虑如何能迎难而上，响应公众情绪。他们认为唯有如此，自己的情感制作才会被消费，才会转化为商品。这也是为什么我们的许多题材在情感表达上类型化、模式化的原因。打开爱情，必定是伤感的；打开底层，必定是同情的；打开官场，必定是愤怒的……

然而，不管这样的情感表达方式如何具有现实需求，它都不具备美学上的合理性。毕竟，文学的生命在于真实，在于用独特的生命体验来表达真情实感。

这种真情实感来自两个方面：第一是对表现对象真情实感的认识和表达。在社会情绪压倒个体情感的情形下，如何摆脱情绪的假象，让表现对象敞开真实的情感世界，是作家首先要做的工作，而这项工作又与人物形象的塑造紧密相连。从艺术表现的角度看，作品缺少真情实感是因为缺少个性独特的人物形象。仔细想想，这些年来，我们的文学塑造了多少成功的人物形象？有人说文学人物已经死了。人物都死了，又哪来真情实感？第二是表现出创作者自己的真情实感。作家不能太功利，不能一味迎合市场趣味。真情实感是自己的，而不能是别人的和别人需要的，情感不能被制造。因而，作家必须在作品中体现自己的真情实感，用最真实的表达打动大众。

把生活“装进”并“变成”文学

张　江：“文学来源于生活”并不等于“文学就是生活”。从生活到文学的中间过程，凝聚着作家的智慧和才思，体现着文学的规律和奥妙。当然，这个中间过程再伟大，也不能超越生活真实的逻辑，并且，只有在这一逻辑原则之下，作家的一切创造才有意义和价值。

毕飞宇：“文学来源于生活”，这是颠扑不破的真理。但对于写作的人来说，真正的考验在于，作家如何才能使生活上升到文学。

我们首先得搞清楚哪些“生活”可以走进文学，哪些“生活”不能走进文学。无论小说世界多么开放，就某一部具体的小说而言，它依然是一个封闭的系统。小说的完整性是由它的封闭性决定的。《红楼梦》是才子佳人小说，把“武松血溅鸳鸯楼”写进去就不合适；同样，《水浒传》写的是好汉造反，把火烧赤壁那样壮阔的人海场景写进去也不合适，好汉太多，也难以构成“人海”。

所以，即使开放如小说，也依然存在一个“入”和“不入”的问题。一方面，小说是开放的，没有不能走进小说的生活；另一方面，如果一个小说家决定了一部小说必须写什么，那么，与这个系统无关的生活就必须统统放弃。文学来源于生活，可是，写什么不写什么，作品与作品就这样区分开来，作家与作家也就这样区分开来。所谓的纯文学和类型文学也就是这样区分开来的。

还有一个更大的问题我们无法回避。文学来源于生活，可如何把生活“装进”文学里去？生活怎么就“变成”文学了呢？一个最基本的问题是，文学是以语言为中介的，当你决定把生活“装进”文学并“变成”文学的时候，你的语言已经通过了“文学语言”的论证。

我听得最多的一句话是这样的：生活是多么丰富，多么赏心悦目，比小说精彩多了。这句话的潜台词是，作家们何必点灯熬油呢？照葫芦画瓢就可以了。可是，当我们静下心来认真地研读了荷马、但丁、塞万提斯、莎士比亚、歌德、雨果、陀思妥耶夫斯基、福克纳、曹雪芹之后，就会发现，无论生活怎样变化，我们也不会吃惊。生活嘛，原来就是文学所描绘的那个样子。

“真的才是美的”

张　江：这就涉及文学的真与美的关系问题。20 世纪的文学理论中，曾出现了新批评、结构主义、符号学等种种形式主义批评方法，推动了文学研究的精细化、专业化，促进了理论的繁荣。但一些看似古老的理论命题并没有过时，文学还是要回到真情实感上来，作家要进入生活，使自己感动，再感动读者。

张政文：早在公元前 500 年，古希腊思想家赫拉克利特就提出“艺术摹仿自然”的著名论断。其后，苏格拉底、柏拉图、亚里士多德等先哲持续接力，让艺术反映自然和社会真实的文学本质论日臻完善，并经由文艺复兴和启蒙运动时期的艺术实践和理论延展成为统治西方文学观念近两千年的主流思想。在中国，文学艺术的真实性则主要强调作家在创作过程中所表达的内心情感之真切。

古今中外的文学实践同时印证了“真的才是美的”这条创作铁律。经典文学所透视的真实性绝不是对社会生活简单的摹写和反映，而是在对生活现实高度提纯后，对我们时代本质的深邃洞见，对人类生存状态的深切关切，是历史规律的真、生活本质的真和人类情感的真。正如雪莱所言，“一首诗是生命的真正的形象，用永恒的真理表现了出来。”

回顾和重申“真的才是美的”这一美学原则和创作理论，是对当下文艺创作虚假低劣、媚俗怪诞、恶搞炒作等不良倾向的真诚反思和警示。

生活逻辑与艺术逻辑

张　江：说到底，“真”毕竟只是一种文学的追求。生活是生活，艺术是艺术。文学是一个丰富多彩、精妙奇幻的世界。作家在创作中可以想象和虚构，创造出许多生活中根本不可能存在的人和事，读者也愿意接受各种生活中不可能出现的奇特描写。那么，如何解释这种现象？这是否反证了“真”的失效？

姚文放：文学艺术来自现实生活，文学真实来自真实生活。但在文艺作品中人们往往看到相反的情况：《牡丹亭》中杜丽娘死而复生，《浮士德》中浮士德返老还童等，这些都不合乎生活逻辑，但读者恰恰不以为意。这意味着在艺术逻辑与生活逻辑之间有一种分分合合、既一致而又不一致的悖论。这一现象正昭示了文艺创作的一条重要规律，即它对于实际生活的把握，往往受到艺术规律的干预和调整。

一方面，文艺创作中创作主体的主观审美规律会对表现生活客观规律有所干预。如果说生活逻辑必须一丝不苟地符合外部世界的客观规律，那么在文学艺术中恰恰做不到这一点。另一方面，文学艺术的形式规律对于生活规律也有限制和修正作用。文艺创作不仅要靠主客观结合去运思、营造，也要靠一定的艺术形式表现出来，这就又多了一重形式规律的制约。作家、艺术家必须遵循种种形式规律，才能恰到好处地描摹客观生活，抒发主观情感。于是在艺术的形式规律面前，实际生活的客观规律有时也不得不屈尊俯就，这就造成了艺术逻辑又一次背离生活逻辑。

艺术逻辑虽然是以超越生活逻辑的方式把握实际生活的本质规律，但它最终还是达到了对生活逻辑的遵循。文学中变形的、超现实的形象所表达的情感、愿望和理想，从总体上说都有充分的历史依据。可以说，它们是在超越生活逻辑的更高层次上表达了社会历史的必然要求。

知识分子的缺席和艺术沦为权力与资本的工具

廖　廖

核心提示

当今知识分子缺席艺术，不再如传统文人一般对艺术享有话语权。没有了知识分子的欣赏、引领和批评，艺术水平一降再降，被商业化左右，最终成为权力的附庸。同时，知识分子的缺席也让自身失去了对美的丰富体验，导致了中国艺术在国际学术界毫无地位的困局。

传统文人阶层掌握艺术的话语权

对今天的一个西方知识分子来说，不能说出文艺复兴时期的艺术与中世纪的艺术之区别，又或者对现代艺术与当代艺术没有自己的立场观感，这是难以想象的事情。对中国古代的一个文人士大夫来说，不身负书画雅债，不深谙古董鉴藏，这是难以想象的事情——但是，今天的、中国的知识分子，有几人能够说得清楚宫廷画、文人画与风俗画的区别？有几人清楚写实主义在中国的缘起缘灭？又有几人能够说得明白“现代艺术”与“当代艺术”的区别？

我们暂且不提西方的知识分子对艺术世界的话语权，不提15世纪的人文主义者对文艺复兴的影响，不提20世纪中叶欧洲的思想家对现代艺术的影响，也不提今天的哲学家（如丹托等）对当代艺术的定义和艺术边界的拓展。只说中国，我们知道，旧时的文人士大夫掌握着艺术世界的话语权，从苏东坡的“观士人画，如阅天下马，取其意气所到”伊始，文人画始于宋，兴于元，到了明代，“意

廖　廖
独立艺术
撰稿人

笔草草，不求形似，聊以自娱，写胸中逸气”的文人画成为力压宫廷艺术、民间风俗画和佛教禅画的主流艺术形式——文人士大夫阶层掌握着艺术圈的绝对话语权。时至今日，文人画已经丧失了原有的文化语境，但是今天的艺术圈依然用“新文人画”等名词消费着文人画的残余价值。

旧时的文人精英阶层不但是艺术家、收藏家，他们的生活方式亦是一时之潮流。文人的园林中，芭蕉梅兰，列置楚楚；旧竹杂岩石，乱松映清潭——文人们不但绘画，事实上他们就住在画中。文人的家居陈设带有鲜明的知识阶层的印记，明式家具象征着文人古朴、简逸、幽隐、雅致和自然的生活理想。文人的书房除了读书和社交之外，还有文房十三事：随意散帙、焚香、品茗、鸣琴、挥尘、习静、临摹法书、观图画、弄笔墨、观池中鱼戏或听鸟声、观卉木、识奇字、玩文石。江南文人出游时，大多有一艘“画舫”，在船上品鉴书画、四处游览，豪于诗、戏于画、纵于酒、狂于歌——文人精英阶层不仅热衷艺术，他们的生活本身就是艺术。

除了凌驾宫廷院画和民间风俗画之上的文人书画艺术之外，旧时的文人士大夫阶层的文化品位与生活方式也是草根阶层、商贾阶层，甚至是皇室贵族的榜样和标杆。而我们今天的知识分子，没有魄力也没有能力引领任何一种文化与艺术的潮流，只能跟在潮流背后模仿，或者批判。对知识分子来说，批评《小时代》和《小苹果》如何庸俗浅薄是一件很简单的事，但是这种对大众流行文化的批判显得苍白无力，毫无裁判的权威——因为知识阶层根本没有办法提供另外一种更理想的选择。他们并不能像传统的文人士大夫阶层一样，展现一种充满精英文化的艺术生活。

今天的知识分子无法引领文化潮流，同时也在艺术世界缺席。知识分子勿论掌握艺术世界的话语权，他们甚至对艺术不再感兴趣。论传统艺术，他们说不清“新水墨画”和“新文人画”的艺术语言在今天的意义；论当代艺术，他们缺乏相关的审美理论基础，从感情上和形式上都无法欣赏西方的当代艺术，装置艺术、行为艺术等形式更是审美的异端。

今天的知识分子与艺术的共处有两种方式：一种是毫不在意生活中的艺术点缀，把所有的时光都投入学术当中，除了读书还是读书。一个知识分子的个体当然有权利选择一种繁忙而单调的生活，在书本中寻找精神的桃花源。对清教徒式的学者来说，诗书画的熏陶与器具玩物的感染力远远比不上纯粹知识的吸引力。但是对于一个知识阶层来说，如果整个阶层都过着一种与艺术品绝缘的生活，那只能说这个阶层缺乏艺术审美和文化情趣。另一种知识分子，他们有钱有闲，热衷收藏古董、家具、古玉……甚至能够画几笔花鸟兰竹——但是，收藏古董与引领当代文化潮流是两回事；临摹几笔山水花鸟与掌握艺术世界的话语权也完全是两回事。

知识分子缺席艺术世界因为政治和资本

为何今天的知识分子不再引领艺术的主流，甚至缺席艺术世界？大概有两个缘故：政治和资本。

20 世纪上半叶，民国的新文化运动和新政权激进的政治变革之后，传统价值和审美发生断层，旧文人和士绅阶层没落，传统艺术伦理作为“封建主义”被颠覆。

新时代的艺术审美以国家主义为标杆，社会主义现实主义的风格成为主流。西方的现代艺术与当代艺术成为被“主流审美”所排斥的“文化阴谋”。传统艺术断层和西方艺术蒙尘，不仅让知识分子在审美方向上不知何去何从，同时也造成了艺术和审美教育的扭曲和缺失。

21 世纪之后，资本介入艺术市场，资本成为艺术规则的制定者，甚至是艺术史的书写者。在艺术资本的运作下，艺术品屡创天价，80 后的青年艺术家的作品也可高达数百万元人民币。对于知识阶层来说，艺术不是你想买就能买。而在清代之前，文人画是业余之作，并不是出售的商品，而是文人社交雅集的礼物和雅债。明朝晚期，最贵的画是仇英的《汉宫春晓》长卷，售价纹银 200 两。因为仇英的作品较少，所以价格高，而同属长卷巨制的唐寅《嵩山十景图》，不过纹银 24 两。早年沈周的画也不过 2、3 两。文徵明短幅小长条，不过一两，多数只需 3、5 钱。这些当时最好的艺术品对文人阶层来说，并不是可望而不可即。据《明实录》，七品县令年薪约 27 两，但是其额外收入往往是薪资的 10 倍以上。当时较有名气的文人的润笔费为 3 钱到 5 钱，最高一两。无论是交换书画礼物，还是真金白银地购买职业画家的佳作，对古代文人来说都不是难事。反观今天的知识阶层的收入，面对艺术佳作的高价只能徒叹奈何。

当然，除了政治与资本之外，我们还可以找到更多的借口，譬如：文化——今天已经是大众流行文化的天下，而不再是精英文化掌控的世界。“二战”之后，大众文化与消费文化在美国兴起，逐渐蔓延全球，欧洲的精英文化则日渐衰败。知识分子也只能在铺天盖地的流行文化中随波逐流。又或者，我们可以借口说今天的职业细分化、专业化，现代艺术与当代艺术需要深厚的理论知识，知识分子无法如古代文人一般，在学术之外轻松地掌握艺术与审美……借口总会有，但是爱是不需要借口的，不爱才需要。现实是艺术从来没有距离知识阶层如此之遥远，知识阶层从来没有像今天一样丧失了文化潮流和艺术世界的话语权。

知识分子在场的意义

艺术世界当然要多元化。我们并不是说知识分子应该成为艺术的代言人，但是至少不应该缺席，不应该在艺术圈毫无影响力。事实上，知识分子在场或者缺席的艺术世界，显然两样。

知识分子的深厚修养也许可以给艺术圈带来一股清新之风。传统艺术理论如何与现代精神结合，也许知识分子可以给出一剂解药。中国的当代艺术如何突破在国际学术界毫无地位的困局，知识分子也许可以化解我们的焦虑。

知识分子的独立批判精神，相比起各种利益瓜葛缠身的圈内艺术批评家更加纯粹而有力。更多独立而纯粹的批评，可以避免艺术不那么容易沦为权力和资本的工具，或者成为流行文化的替身。

知识分子的价值观与文化立场，也许可以抵挡艺术的过度商业化，避免商业化导致艺术自身的单调、平庸和不断重复，抵挡“标准化生产”的艺术品的泛滥。

知识分子可以从各个学科的角度来拓展艺术理论的边界。除了艺术专业的解读，艺术品还需要从哲学、社会学、文化学各个方向的不同解读。除了艺术批评家的理论，艺术也需要哲学家、思想家、人文学者等知识阶层不断地重新定义。

简单来说，艺术有两种，一是为了艺术而艺术，一是为了生活而艺术。倘若知识分子如董其昌或者格林伯格一样，信奉艺术仅是艺术语言本身，而不是其他，他们可以从中寻找到一种精神的救赎，一个诗化的世界，一个精英文化的桃花源。倘若知识分子相信艺术可以批判现实和反映当代精神，他们可以在其中注入知识阶层的独立精神和人文价值。今天的知识分子阶层不再可能如同传统文人一样垄断艺术圈的话语权，知识分子也难以成为文化与艺术的代言人，但是无论如何——站在外围总比不在场好，迟到也比缺席好。

名家观点 | Experts' Viewpoints

薛亚军　批评家

艺术与市场合谋，学生被市场牵着鼻子走

各美术院校迫于招生和就业率的压力，面对市场的不断侵蚀，已难有招架之功。艺术与市场合谋，学生被市场牵着鼻子走，成了常态。在毕业展览作品上，无论是作品的外在制作还是内容的表现，都很精细、漂亮，追求速成效果，多呈现一种刻奇的趣味。只要普通市民愿意购买，大部分展品都适合用来装饰自家的墙面。这种现象从一个侧面说明，毕业展览的作品缺少思想内涵，也缺少在语言形式、创作观念上的实验性和探索性。

毕业展览之所以呈现出如此的模样，是日积月累而形成的。曾有美院学生刚大学二年级就被画廊签约，一年十几万的收入，这对普通学生甚至老师来说，无论是在经济还是信仰上都是异常的刺激，由此引起的崇拜与模仿效应直接动摇了原已岌岌可危的日常教学模式。拍卖市场不断飙升的价格、青年艺术家培育发掘计划、各种奖学金无疑在给学生提供机会的同时，也起着揠苗助长的作用。艺术的标准是什么？在很多人看来，谁来评判艺术的高低，是艺术自身还是市场，早已说不清道不明，团结起来，"共同富裕"才是正道。

学院打着艺术的旗号跑市场，市场扛着艺术的旗帜忙掘金，虽已如此，但让艺术的归艺术、市场的归市场应成为共识。

潘知常　南京大学国际传媒研究所所长，南京大学新闻传播学院教授

文化不再创造世界，文化作品成了文化用品

世界进入了传媒时代，借助媒体以操纵文化，也因之而成为一大时髦。借助媒体以操纵文化，换言之，"挟媒体以令大众"，充当"媒体的帮忙与帮闲"。

20世纪，商品化、技术化征服了人类生活的每一个角落，人类社会的两个最后的堡垒——大自然与文化生活，也不攻自破。资本逻辑、市场逻

辑、商品逻辑、技术逻辑，侵吞着人类的文化生活。这就是法兰克福学派所谓的“文化工业”的诞生。而在这当中，最为集中的表现，就是消费逻辑，商品的消费不再是为了使用的需要，而是为了消费的需要。

消费逻辑一旦渗透进入人类文化，就不能不导致人类文化从其实质内容中抽离出来，成为一种满足消费需要的、与所指无关的一种能指。这样，文化产品的制造者竟然成为一个表演者、旁观者，自己不再真实地参与其中，制造的目的也只是为了出卖，只是为了获得最大的交换价值。于是，人们所关心的已经不再是文化产品与人类生存的关系、文化产品在人类精神生活中的重大意义之类的问题，而是文化产品怎样才能做到制造、批发、销售、消费一条龙，文化产品是否可以批量生产，文化产品是否可以有效地加以控制、文化产品是否可以成功地加以销售之类的问题。

正是在媒体的时代，人类的文化又日益沦为一种极度的浅薄。为人们所熟知的具有深度之文化世界消失了，文化的超越性消失了，一切都成为平面。文化停止叙述，文化成为娱乐，文化成为茶余饭后的猎奇消遣。文化不再创造世界，而是消费自身，结果，大众文化成为大众操作，文化作品成为文化用品。而且，由于它的目的无非是设法刺激、操纵消费者的消费需要，从而促成文化产品的批量消费。

网络文学，悄然崛起

02

KEEPING THE
MINUTES OF CHINA
WITH THOUGHTS

主题文章

夏　烈　只有“文学”是永恒的命名

周　运　网络文学3.0，激活整条文化产业链

延伸阅读

狄　青　如何面对网络文学使用科技手段制作巨幅长篇

《京华时报》　网站抢人“造神”写手连连涨薪

名家观点

潘　皓　张颐武　南派三叔

主题文章 | Key Articles

只有“文学”是永恒的命名

夏　烈

核心提示

理想资本不应该是对青春期的中国网络文学资源和环境施加浪费、污染的掘墓人，而必须是一群富有生态意识和长远眼光的文化儒商；与此相对应，理想作者也不应该是一拨粗制滥造、重复拷贝，并且毛孔全是金钱、妄想自我利益独大的“土豪与屌丝”的结合体。网络文学目前的市场化并不是一条谬误的道路，谬误在于介入力量的不平衡，在于不平衡后变却的人心。

“网络文学 IP 元年”的出现

把 2014 年称为“网络文学 IP 元年”并不夸张。下游产业链资本的上溯直接导致了“IP”或者说“IP 价值”成为网络文学的最热词。IP，Intellectual Property 的缩写，直译为知识产权。当一个核心智力成果向下游产业链衍生的时候，会诞生无数的产业新价值。作家们最常见的就是小说版权被购买为影视改编权，而网络作家同时还有可能被购买其作品与作品中人物形象的动漫、游戏、衍生品、海外传播等产权；作家可以靠一部或多部作品较快形成庞大的产业利润，国际如 J. K. 罗琳和她的《哈利·波特》，国内如唐家三少和他的《斗罗大陆》，天蚕土豆和他的《斗破苍穹》，流潋紫和她的《后宫·甄嬛传》……随着一批网络类型小说名篇纷纷在影视市场开机乃至开播，更多的网络小说名篇正在成为影视界 IP 价值寻觅的热点。同样的情况也发生在动漫、游戏等业界。

夏　烈
杭州师范大学教授、浙江省网络作协常务副主席在此背景下，网络文学现在以及未来都已不是一群单纯的业余作者们的吟风弄月、异想天开，而是随着它的影响力增长、读者人群庞大、社会效应和经济效应辐射力牵连甚广，成为一块连接着中国当下各个方面、各种表达、各种写作可能性的非边缘性文化场域。但这也会带来各种问题。

资本深度侵入网络文学

资本尤其是下游产业链资本的内容诉求大量生成，进一步加剧了网络文学和网络作家的市场化程度。文学与经济的天然规律在繁荣文娱产业的同时，也催生了我们这个时代关于写作与金钱的欲望神话。作家主体可能在此间异化，忽略和遗忘“一部好的作品，应该是把社会效益放在首位，同时也应该是社会效益和经济效益相统一的作品。文艺不能当市场的奴隶，不要沾满了铜臭气。优秀的文艺作品，最好是既能在思想上、艺术上取得成功，又能在市场上受到欢迎”这样的辩证关系和创作伦理，患上“就低不就高”、纸醉金迷的时代病。如何修养我们自身的灵魂，对文艺创作的价值及其时代使命有更为高远的认识和判断，是考验网络文学“大神”们的一次重要“试炼”。

由于资本的逐利性，热闹的“IP 元年”带来的还有可能是一种竭泽而渔的 IP 浪费、IP 资源粗放型开发。换言之，理想资本不应该是对青春期的中国网络文学资源和环境施加浪费、污染的掘墓人，而必须是一群富有生态意识和长远眼光的文化儒商；与此相对应，理想作者也不应该是一拨粗制滥造、重复拷贝，并且毛孔全是金钱、妄想自我利益独大的“土豪与屌丝”的结合体。网络文学的超级“IP”得来不易，需要养护和精耕，需要与之相关的产业链上的各类专业人才通力合作。这是考验我们网络文学产业智慧的另一重要“试炼”。

善待网络文学的“怪力乱神”

网络文学目前的市场化并不是一条谬误的道路。谬误在于介入力量的不平衡，在于不平衡后变却的人心。

第一，我们选择文学，是因为文学考量灵魂，无尽表现造物设计的奥秘，呈现人间的苦难和欢喜，温润与坚强我们的心智；选择文学是选择一个务虚的位置，是尊重我们内心伟大而神秘的召唤；观察生活、观察人性、观察生死之间甚至之外，是文学创作和研究最大的价值与乐趣。享受过这种价值与乐趣的人群，对于市场化是能看清、看透、看宽的，理应明白我们在这世间的位置、操守，处理好自己的进退分寸。

网络文学作家是否能够领悟和自证这一点，决定了他的作品能走多远，个体是否明朗智慧。我们的文学评价体系要在这个意义上寻找作家、作品，看到网络作家、作品之间的差异和闪光点。

由此回到网络文学自身，我以为，它的第一层时代使命就是做好通俗性、大众性、网络性，坚持它的大众文艺立场。目前的网络文学主流是通俗的类型小说。这条路径的发展弥补了过去文学观念、文学评价体系中对通俗文学的压抑，使我们续接了更古老久远的文脉，也使我们的文艺创作在另一维度上更接“地气”。又因为媒介革命和国际化背景中的大众文化、流行文化、亚文化因素的嫁接，当下的网络文学开启了“ACGN”（动画、漫画、游戏、轻小说）文化及其产业循环的模式，也为我们注意年轻一代的文化缘起，关注流行文化问题，梳理和矫治大众文化走向敞开了门户。

第二，中国网络文学16年发展路径是一条民间创造力、文艺生命力自由生发，破除传统文学观念“大一统”以及部分傲慢、偏见、孱弱、无根之弊的自发之路。要把它纳入文学创作本身的破旧立新运动律令里去看待，也就是说，它的另一个时代使命就是创作和阅读的多样化诉求，以及对稳定的文学场域的合理扰乱与重构。

在这个意义上，我们要善待网络文学的奇思妙想乃至“怪力乱神”。网络中最典型的玄幻修真类小说的主人公表现出的那种如饥似渴、狂乱快意的热血情怀、修炼模式，正是网络文学现阶段不择良莠、泥沙俱下的海绵般无尽吸取一切的状态写照。各种粗粝的“爽度”都在证明它不是一个已完成的“自我”，而是处于一个全凭天赋、神志懵懂的少年的高速发育期。恰如“一根藤上七朵花”，每个金刚葫芦娃都有神通，但得看是被善良的人养育，还是被蛇蝎二精掠夺。

未来，网络文学的最终使命却是消灭网络文学这个概念，让它留在文学历史当中，这意味着网络文学走向了成熟和新的稳定。“土返其宅，水归其壑”，本来就没有什么网络文学、纸质文学、丝帛文学、甲骨文学之分，只有“文学”是永恒的命名。大众的类型文学是消灭了热闹嘈杂的网络文学时代之后比较靠谱的名字，他们理应在文学创作的谱系中拥有自己久长的位置和荣誉。而当一切创作的发表、阅读、评价都以网络及新媒体的方式展开时，再提网络文学已经没有了新鲜和革命的意义。

网络文学3.0，激活整条文化产业链

周　运

核心提示

网络文学发展有三个阶段。第一个阶段是内容为王的时代，统称为网络文学1.0时代。网络文学2.0时代，是一个渠道为王的时代。这个阶段，智能手机开始飞速发展普及，移动互联网发展迅速。未来两三年，网络文学将进入3.0时代，将逐渐过渡到用户创造内容为王的时代。这个阶段，终端硬件向手机、iPad、PC、电子阅读器、智能电视等“全”终端演进。

阿里文学的曝光，受到了很多业界和媒体朋友的关注。网络文学本身是个低调慢热的市场，从早期服务一些“非主流”的用户群，到逐步被大众所接受和喜爱。尤其随着移动互联网时代的到来，突然有一天我们发现在地铁、公交上全是拿着手机看小说的人群的时候才恍然大悟，原来移动阅读这个市场已经足够大了。

网络文学的1.0和2.0阶段

网络文学发展有三个阶段。第一个阶段是内容为王的时代，统称为网络文学1.0时代。这时候，终端发展背景是个人PC电脑飞速发展阶段。

这个阶段网络文学在运营模式上，以编辑人工推荐为主，依靠PC原创站的推荐位对作品进行曝光。这个阶段的商业模式较为简单和初级，只有网络连载方式，依靠付费订阅和一些广告盈利。但是广告质量较低，且容易对用户造成骚扰。此外，内容采集平台和内容销售平台是合二为一的。这是网络文学起步的阶段。

到了网络文学2.0时代，这是一个渠道为王的时代。

周　运
阿里文学
总编辑

这个阶段，手机开始飞速发展普及，移动互联网发展迅速。运营模式上，优质内容经过 PC 原创站平台的内部淘选，在第三方强势渠道做主要的传播曝光阵地。相应地，商业模式也变了，仅在自己平台上做付费阅读已经不够，需要向外拓展其他渠道，做版权分销。

盈利模式上，付费阅读的价值得到放大。其主要原因是，伴随着移动终端的普及和移动支付的成熟，用户可以随时随地进行阅读，用户的阅读时间（阅读量）增加，用户付费意愿增强。同时，PC 网络文学用户消费往移动端转移的趋势非常明显。此外，网络文学原创网站开始重视版权衍生的商业价值。

现在，我们正处于网络文学 2.0 时代。

旧网络文学模式的瓶颈

在网络文学的 1.0 和 2.0 时代，虽然推动了网络文学的发展，但也存在如下问题。

首先，网络文学的内容生产以 PC 原创站为源头，作品的前期曝光主要依靠 PC 网站的推荐位和各种排行榜，但是有效曝光位毕竟属于少数，且很容易被人工操控。而移动终端受困于屏幕限制，平台推荐资源更加稀缺，推荐规则也很难透明，同样给暗箱操作提供了便利条件。

这种模式会导致作者和编辑急功近利。一方面作者会利用各种手段，通过刷点击和刷榜等作弊手段，抢夺平台的曝光机会。另一方面，编辑会要求或暗示作者根据热门排行榜来创造内容。长此以往，作者创作内容同质化现象十分严重。作者公平竞争的环境难以保障，优秀作品的遴选机制自然也出了问题。更严重的是，部分编辑和作者会打擦边球，放宽内容尺度。

其次，由于一些网络文学平台具有先发优势，在行业里形成一定的垄断，所以会以追求自身利益最大化为目标。这就会导致一些作者的权益遭到侵犯。在这种情况下，作者与平台方合作时候没有什么话语权，签署的版权协议非常苛刻和霸道。比如，一些旧的网络文学平台方会要求作者签署“版权转让协议”或是“委托创作协议”，作者仅保留署名权，版权衍生收入至少 50% 是归平台方所有。甚至要求有些作者未来 10 年、20 年，绑定在某个平台上，作者的利益得不到充分保障。

总而言之，一方面作品筛选机制出现问题，好作品难以出头；另一方面，无法保证优秀作品作者的利益，创作积极性遭到打击。这也是近些年网络文学界少有大作的原因，网络文学内容上的创新和发展滞固。

网络文学将进入 3.0 时代

未来两三年，网络文学将进入 3.0 时代。网络文学 3.0 时代将逐渐过渡到用户创造内容为王的时代。其实，所谓“用户创造内容为王”是一种内容生产的机制，不是单纯的内容，也不是单纯的渠道。这个阶段，终端硬件向“全”终端演进，如手机、iPad、PC、电子阅读器、智能电视等。

在运营模式上，适当、合理地减少人工运营，以大数据的智能应用来辅助决策。商业模式上，网络文学 3.0 时代将通过 IP 激活包括网络文学、传统出版、影视剧作品、游戏、漫画等整条文化产业链，而非像 2.0 时代的单纯、单向、单一地进行 IP 衍生。盈利模式上，通过激活文化产业链，可以在不同平台，在阅读、动漫、影视、游戏等不同领域进行盈利，而这些领域的盈利模式已经非常成熟。

延伸阅读 | Extended Readings

如何面对网络文学使用科技手段制作巨幅长篇

狄　青

核心提示

因为技术化手段对文学尤其是网络文学的强势介入，原有的审美与价值判断体系势必抑或正在发生动摇。面对如此复杂多变且“真假莫辨”的网络文学作品，似乎已然蓄势待发的网络文学批评家们，都准备好了吗？互联网巨头需要的网络文学样式仅仅是为其下游产品提供一个“核”，这样的作品，该不该“追”？“追”的话，又是谁去“追”，谁去读？

是科技，还是文学？

“科技改变生活”，这显而易见；可要是说科技改变文学，我却不大认同，同时也不太好接受。并不否认，网络文学的出现就是科技发展印证在文学创作上的结果，其作品的大量涌现，的确已经改变了文学固有的生产、传播、写作甚至营销模式。但是，文学观念和文本优劣的标准以及文学自身的秩序并未随之改变。而且，至少我以为还很难说日新月异的科技到底是改变了文学，还是绑架了文学！

的确，网络文学每年若干亿字的超高产量，不是随随便便就能堆起来的。但是，既然网络文学被冠以“文学”之属性，并且依然属于原创文学作品类型，那么，就应该遵循某些既定的文学创作原则与标准，而越来越多的科技化手段的介入则需要引起人们足够的关注和警惕。如果当

狄　青
中国作家协会会员

今层出不穷的“码字软件”仅仅是具有按字数锁屏以及按时间锁屏功能，以强迫网络作家抑或写手在规定的时间内必须完成一定字数写作量的话，无可厚非；可如果这种“码字软件”已经演化成一种辅助甚至参与创作的工具，那这样的一种“创作”又如何去界定？我们的文学批评又该怎样去应对呢？

比如，某软件声称：“写小说很难吗？我们为您量身定制的大纲生成器能用问答式的办法，帮您生成小说设定、分集大纲、人物设定、场面设定。”有写作软件更是公然宣称：“既然‘天下文章一大抄’，如果你在看别人小说的时候，发现某句话或某一段描写得非常好，想要以后出现在自己的小说里，难道还要建个 TXT 文档保存吗？现在不用了，资料收集里面有悬浮窗，遇到喜欢的句子，直接按 CTRL + C 键，悬浮窗就会提醒：有新的内容，这时只需用鼠标双击悬浮窗，资料就会自动存到码字系统里！”

有一种小说制作软件，可以编辑事件构造故事，是一款适合各类小说作家的软件工具箱。无论是熟手还是新手，都可以借助其内设的一个强大但使用简单的故事开发工具进行故事开发和生成，可以显著加速创作者的小说或剧本的创作和架构。

据说还有一种网络小说生成器，其原理其实就是将很多篇同类小说的共同特点抽离出来，重新排列组合，形成新的文字。比如，在所谓“玄派招式生成器”中，只输入一个“掌”字作为词尾，立刻就有“冲霄掌”、“丧魂掌”等一百余个招式自动生成。这些都是玄幻武侠类网络小说中似曾相识的招式。换句话说，因为网络小说有了很鲜明的套路，才会诞生出这些生成器。

还有一款软件，包括常见的人名生成、地名生成外，另有外国人名、外国地名（包括现实与随机各种类型）等一共 5 大类 45 种生成器，能够进行复杂写作，具有强大的素材组织和人性化的智能查询功能。作家只需想着故事的情节发展，其他的可以交由电脑去完成。这样可以大大降低作家的工作强度，用最少的时间完成最多的字数。此外，还可以使用软件内存的不同素材，写出不同类型风格的小说，创作出言情、悬疑、动作、喜剧、历史、战争、科幻等题材的不同作品。

目前，能听到的对各种“网络小说生成器”拍手叫好的声音中，绝大多数是认为这些软件是对写手的一种拯救，写手们终于可以不那么疲惫地码字了。而这样就不怕被指抄袭吗？有写手说：“在长篇累牍的阅读中，读者在网上看的还是故事，谁又会关注那些细节描写呢？所以写手只要有一个好的思路，‘生成’一下又能怎样？”

正因为技术化手段对文学尤其是网络文学的强势介入，原有的审美与价值判断体系势必抑或正在发生动摇。面对如此复杂多变且“真假莫辨”的网络文学作品，面对这一完全无法回避的新问题，蓄势待发的网络文学批评家们，都准备好了吗？

谁去“追”，谁又去读？

有人一直诟病，在大量的以网络文学为议题的会议中，请到的却都是传统文学评论家。这其实很正常。网络文学原本就没有属于自己的独立学术价值评判体系。网络用户可以阅读网络小说，却极少有人会关注对网络小说的批评。而当前网上的批评即使有，也多半是网站以及书商出于某种目的和需要，有计划地安排出来的，学理价值不高，参考意义也不是很大。写手们仗着与编辑、版主的关系，创建马甲吹捧自己，评论的字眼不是“写得不错”“非常好”就是“顶”和“赞”，而且一棒子打死新手等评论歪风在网上也不鲜见。倒是网下、纸媒上有关网络文学的讨论和研究煞是热闹，一派繁荣景象。

看了不少谈网络文学的文章，有一个问题却始终没有落地，那就是，在每日更新的浩如烟海的网络文学作品中，作为有志于网络文学批评的评论家们，到底谁可以焚膏继晷没完没了地去“追”，谁又可以塌下身子心平气和逐字逐句地去读。

中国当代文学多年的“在场经验”和“实战经历”，使得我们的评论家们普遍具有一种能耐，那就是一本书拿到自己手里，往往翻开封面随便跳着瞧上几段，就能对作品估摸出个一二三来，再结合对作家以及文学创作现状的主观认识和了解，应付一般的研讨会显然不成问题。包括像《我在高原》那样的作品，就不止一位评论家承认自己做不到“通读”。虽说做不到“通读”，但依旧可以认定作品的价值高低，因为张炜的名字在那儿了，洋洋数百万字的气势在那儿了。

但网络文学似乎不好这样去“推理”。想要认识和解读一部作品，没有别的办法，只能去“追”。人家写手写五百万字，你就不能只看一百万字，因为他（她）后面那四百万字很可能与你先前看过的一百万字大相径庭，甚至人物逻辑都发生了颠覆性变化。网络作家也好，网络写手也罢，相当一部分都不是为评论家去写的，似乎也不是为了得奖去写的，因为他们原本就是为了点击率而写。

即使去“追”了，依然也有问题。依照网络文学目前这样动辄数百万乃至上千万字的规模，一个有志于此的评论家，在一段时间内最多也只能追一部抑或有限的几部作品，而网络文学中的抄袭和“借鉴”现象较为严重，甚至无法辨别谁在抄谁。换句话说，除非评论家全面出击——都“追”，将同类作品一网打尽。可是，都“追”？评论家即使是超人，恐怕也追不上吧！

如果把在博客上粘贴日记的人都算上，在网上发表过作品的人数已是天文数字。2014 年，各文学网站签约作者达两百万人，没有签约的则更是无法统计。几百万人在写，2.74 亿用户通过网络、手机和手持阅读器读，于是有人说当今文学的受众人群其广泛性已远远超越 20 世纪 80 年代文学黄金时代。文学的受众人群真的可以使用如此简单的算法吗？文学的黄金时代又真的是像我们今天这般模样吗？

我同意一种认识，那就是网络文学不应是“网络上的文学”，而应是指一种具有自己独特风格、独特美学趣味的文学样态——当然，“网络上的文学”依然是这种文学得以成立的重要条件。我们不能将一切见诸网络的文学作品通称为网络文学，因而混淆网络文学的真实样貌。利用网络写作，对有的人来说可能就是“玩票”，而对有的人来说则是一种生活和生存的方式，是之一乃至唯一的饭碗。区分文学的样式，显然不应如此简单和轻浮。我也同意孙甘露说的：“其实网络文学成功于网络，把它搬到传统出版社效果并不好。”他说，网络的传播方式、连载方式影响着写作方式。现在长篇小说一部动辄上百万字，多的有两三百万字。把盛大文学网的小说完全搬进纸媒，先不论质量，全部印刷出来，不可能有人读。海量阅读只可能在网上存在，因为上网阅读等于是“打包”行为，读者还可以同时看其他东西。

当然，网络文学肯定不都是低俗的、快餐式的，优秀的作品并不少。但有一点需要承认，那就是这些优秀的网络作品似乎从被贴到网上那天起，就是冲着线下纸媒去的。而更多并不以线下为目的的作品，问题恐怕更多一些。新浪第四届原创文学大赛都市情感类的综合排行榜前 10 名的作品为：《别在天亮之前离开我》《偷情》《宝贝，这不过是游戏》《洞中日夜官场风流：〈沉陷〉》《欲望丛林》等，单看作品名字便可管中窥豹。有人不断把网络诗歌拿出来说事儿，证明网络文学的严肃与高蹈，但撑起网络文学骨架的，显然还是小说。

“追”，是评论家研究网络文学作品一定要做的；读，则是“追”的过程和结果。但是，评论家在纸上谈兵过后，谁又去履行“追”的责任呢？以雷云风暴的《从零开始》为例，已经有1000多万字了，据说目前仍在继续中。这还不是最长的，最长的据说是《宇宙和生命》，现在有2300多万字了。这样的作品，评论家“追”起来怕是要背氧气瓶了。长度似乎可以作为网络文学的一个特征。一来有人看到自己喜欢的作品就希望永远也不结束，二来用户按字数付费，作者为赚钱必须拉长小说篇幅，挖空脑子来编造情节，因为他不知道下一部小说能不能有这部小说赚钱，先把能赚的钱赚了再说。如此一来，80万字的，要写300万字。因为用户追读非常重要，作者也必然按照用户的阅读兴趣和品位结构甚至改变作品的内容。但是，评论家也可以这样无休止地“追”下去、读下去吗？

百度、腾讯、网易、360、小米，一大批互联网巨头在2014年皆强势介入网络文学，看重的显然不是内容这一块蛋糕，要做大的还是下游产业——影视、游戏、动漫、线下出版等。正因为如此，有时候它们需要的网络文学样式仅仅是为其下游产品提供一个“核”。这样的作品，该不该“追”？如果这样的作品不去“追”，那么，又有什么样的作品才该“追”、该读？“追”的话，又是谁去“追”，谁去读？

网站抢人“造神”写手连连涨薪

《京华时报》

核心提示

网络文学网站给作者的准入门槛越来越低，网文作者可选渠道越来越多，收入分成越来越高，草根写手的黄金时代来了。为了把草根作者推上“神坛”，各大互联网公司竞相成立文学集团，依靠旗下多个网站进行“军团式”作战。这背后，互联网巨头们打的是“泛娱乐”的主意。在网络文学狂欢的盛宴之下，盗版和抄袭的阴霾仍在中国网文市场上空萦绕。一夜成名励志故事的另一面，仍有更多草根作者在生存线上苦苦挣扎。

打开2015年电视剧和电影的清单，《何以笙箫默》《翻译官》《芈月传》《盗墓笔记》《花千骨》《明若晓溪》等均由网络小说改编而来。2015年到2016年，计划开拍或播出的由网络小说改编的影视剧将超过30部。一边是网文改编影视、游戏竞相上线，一边是大型互联网文学集团陆续成立。随着BAT（百度、阿里、腾讯）等互联网巨头将网络文学提升至战略高度，对作者和优质版权资源的抢夺将愈演愈烈。

草根写手的黄金时代

网络文学网站给作者的准入门槛越来越低，网文作者可选渠道越来越多，收入分成越来越高，草根写手的黄金时代来了。

“再不写就老了！”作为资深网文粉丝和有过“挖坑不填”历史的网络写手，今年28岁的肖夏是某金融机构省级分公司副总经理。虽然事务繁忙，但近来网络文学市场的变化，又勾的他心里的作家梦蠢蠢欲动。肖夏打算重

《京华时报》

新投入网文写作中。

今年以来，网文市场最大的变化之一是网文作者涨薪。目前占据了网文市场20%以上市场份额的起点中文网，曾是中国网络作者收入及福利制度的“奠基者”。2003年起点就创造了第一套完整的电子出版微支付系统，并上架VIP付费阅读作品。上架作品最初的章节免费阅读，后续拟持续阅读需读者付费。起点确立的每千字1分到2分钱的稿费，就是文学网站给作者的分成。

2004年10月，起点中文网被收入盛大麾下，随着后续红袖添香、晋江原创网、榕树下等加入，盛大文学集团笑傲江湖十余载。除了阅读付费收入外，盛大文学设定的福利奖金制度也成了现在行业的普遍做法，包括鼓励稳定创作的根据每月更新字数确定的“全勤奖励”和“完本奖励”，还有网络小说改编成游戏、漫画或影视的版权分红等。一批签约作者还能得到最低月保障收入，还有商业意外保险和大病保险等。

今年年初，盛大文学和腾讯文学合并成为阅文集团。这个占据市场份额70%的“巨无霸”推出了“2015作家星计划”，以改变固有的作者薪酬体制，在旗下部分网站先行实行。一个明显的变化是渠道费的减免。比如，以前起点的作品在QQ阅读等渠道存在多次分成，而现在，在各类渠道只有一次分成，也即起点与作者分成。同时，作者的分成也增加了，可以得到50%订阅收入分成。

截至2015年6月7日，顶尖“大神”作者“猫腻”的《择天记》还没连载完，字数已超过152万，总点击数超过2422万。《择天记》还破天荒地成为我国网络文学史上第一部还没写完就开拍电视剧的作品。读者订阅付费、实体书出版、改编版权，这成为“猫腻”现在的主要收入来源。

自2005年尝试在文学网站上写连载小说后，粉丝口口传播的力量之大让“猫腻”始料不及。他的小说点击屡屡破千万，并在2007年向影视公司卖出了第一个版权《朱雀记》。如今财务自由对他而言已经不是梦。根据2014年的网络作家收入榜，当年“猫腻”的版税已经达到1700万元。

文学网站出台的不少福利奖励的本质就是粉丝经济。像“月票奖励”是读者给作者投的“月票”越多，在月票排行榜上就越高，“月票需要花钱购买。事实上，‘大神’与粉丝之间的‘月票大战’屡见不鲜，单笔‘月票’中一人出资逾10万也不新鲜，此外还有‘道具打赏’”。

如果按照3分钱每千字的标准付给网站，读者看1万字才花3毛钱，持续看到一定程度之后还可以打折。在这种情况下，文学网站靠打价格战吸引读者远不如自己培养或挖来一批“大神”级作者有竞争力。2014年，吴文辉团队“出走”盛大文学，来到腾讯文学成立创世中文网时，曾以3000元/千字的高稿酬从老东家挖来了“白金”作者“猫腻”。阿里文学也宣布将以千字100－1000元的价格与“大神”级的作者合作。“挖人”之战不可避免。

目前中国网络作者有数百万人，按收入和粉丝数可分为5级。最低级是普通写手，也被称为“扑街”作者。他们的读者量不大，并且作品不常得到推荐，不少人签约上架后半途而废，有玩票性质，年收入上千元已实属不错；再往上是年收入10万元以上、粉丝10万人以上的“小神”，这些是文学网站的基石；年收入50万元、粉丝数十万的“中神”在全国有几百人；而“大神”的年收入则超百万，粉丝也超百万；最顶尖的网络作者被称为“白金作者”“至高神”等，这样的作者凤毛麟角。在2014年的网络作家收入榜中，版税收入前三名是唐家三少、辰东和天蚕土豆，版税收入分别为5000万、2800万和2550万。如果算上订阅收入和作者福利，这样的超级大神或有二三十位。

“90后”作者“乱”是2014年网络作家收入榜前十的新晋作者，也是阅文集团未来“造神”的标杆。他的新书《全职法师》拟发布之际，阅文就已为他量身定制了完整的运作方案，包括新书发布会及后继宣传，号称宣传运作媲美好莱坞明星IP（Intellectual Property，知识产权、全版权）的开发。2013年“乱”的网络电子竞技小说《英雄联盟之谁与争锋》开始连载，一年内光是版税就收获了1300万元。

“造神”背后的IP之争

为了把草根作者推上“神坛”，各大互联网公司竞相成立文学集团，依靠旗下多个网站进行“军团式”作战。这背后，互联网巨头们打的是“泛娱乐”的主意。

根据中国互联网络信息中心（CNNIC）的报告，2014年我国网络文学用户规模为4.12亿，年增长率为5.5%。网民网络文学使用率为45.8%，远高于网络音乐、网络视频、网络游戏等应用。2015年，网络文学整体市场规模预计突破70亿元。

百度文学、“腾讯系”的阅文集团、阿里文学集团、掌阅文学等互联网巨头纷纷集结军团作战，背后最直接的驱动力是优质IP。这两年，IP概念的提出，让网络文学从原有的单一付费阅读模式升级为产业化运营。一个优质的IP要得到全面有效的开发，需要动用诸多资源。在阅文集团副总裁罗立看来，一个优质的文学IP最重要的标准是高质量的故事文本，然后要有足够的影响力，还要有良好的改编空间和可操作性。

百度文学相关负责人透露，该平台上《终极教师》的IP已经售出了游戏、影视、漫画改编，影视预计投资不少于2000万元，第一季已经在网络播出，第二季在筹拍中。作者版权方面的收入形式分为分成和买断，其中又有全版权买断和买断价分成等多种形式，总体来说作者的收入跟作品的销售业绩是成正比的。

统计显示，以玄幻、仙侠题材的IP为例，优质IP改编的游戏下载转化率是无IP游戏的2.4倍。公开资料表明，2014年网络小说改编成手游时，“大神”级作者作品手游版权可高达8位数。

在影视界，优质IP无疑已成为香饽饽。截至2014年年底，114部网络小说被购买影视版权，其中，90部计划拍成电视剧，24部计划拍成电影，电视剧单集制作成本最高可达500万元。在国内方兴未艾的动漫领域，优质IP更是炙手可热。《择天记》就以5000万元的高价授权动漫开发。

在IP概念火了以后，“泛娱乐”一词也随处可见。互联网文学集团玩的就是“泛娱乐”生意。

腾讯互动娱乐是腾讯旗下最赚钱的业务板块，在2012年就提出了“泛娱乐”的概念。在今年3月30日的“UP2015腾讯互娱年度发布会”上，腾讯互娱旗下的游戏、动漫、文学、影视四大业务板块首度集体亮相。由于文学处于整个泛内容产业的上游，未来阅文将在开放合作的基础上，打通产业链，深入IP开发制作过程，实现IP价值在出版、影视、游戏、动漫、音乐等各产业领域的充分开发。

据了解，不少游戏公司也斥巨资采购IP并筹谋多次开发。巨人方面目前就已经储备了超过40个IP。根据计划，如果IP开发上线后玩家反映良好，未来还会继续改编成为电影作品和其他更多周边产品。

狂热的另一面

在网络文学狂欢的盛宴之下，盗版和抄袭的阴霾仍在中国网文市场上空萦绕。一夜成名励志故事的另一面是更多草根作者在生存线上苦苦挣扎。逆袭像梦，或许还需要时间，或许遥不可及。

从网文付费阅读推出至今，盗版现象依然层出不穷。由于在技术上不能复制粘贴，网上存在大量“手打党”。他们付费阅读后，将书中内容逐字打出来。曾有一段时间，“手打党”可能被某些非法网站雇佣，在网上低价出售电子版，或以此增加自己网站的点击量，吸引广告主。随着国家对这种非法谋利现象进行打击，现在越来越多的“手打党”其实是热心网友和某些热门小说的铁杆粉丝，自己先进行正版阅读，之后再免费分享以惠及更多网友。这样的非法连载帖至今依然散落在不少论坛中。

但比起非法转载，更难防范的是被抄袭、被剽窃。由于“扑街”作者的读者不多，他们的故事题材或人物关系有时会成为其他草根作者或各级“大小神”作者“模仿”“借鉴”的对象。还有的作者把不同小说元素拼拼凑凑写成自己的作品。一部几十万字的长篇作品中，有某一段落描写与他人作品相似是否算作抄袭呢？这个在我国现行著作权法中并没有明确规定出侵权的界定范围。目前业内对抄袭或剽窃的界定还是要根据两部作品中故事主情节、人物设定、故事走向等进行综合判定。

网络盗版现象屡禁不止，主要是侵权成本低、维权成本高。司法实践中，网络小说等文字作品盗版的侵权赔偿标准一般是 30～100 元/千字，也就是说，100 万字的作品被盗版，最多能索赔 10 万元。而根据去年国家版权局和发改委发布的《使用文字作品支付报酬办法》，原创作品奖励和索赔标准提高为每千字 80～300 元，但依然不够高，并且作为部门发布的规章没有强制约束力。

名家观点 ┃ Experts' Viewpoints

潘　皓　中国传媒大学协同创新中心

网络文学的“网络性”和“文学性”

网络文学的网络性绝不仅仅意味着写作和传播平台相较传统文学作品发生了变化，它还带来了创作群体、创作方式、传播方式、读者反馈机制的变化，乃至作品市场运营模式的变化。这意味着作品言说方式、叙事文体和语体的变化，意味着审美趣味的更新和价值取向的多元。在文学的多元价值视野中，网络文学的“文学性”应当意味着一定程度的审美自由创作，以及由这种创作所唤起的情感共鸣、想象力的激发、新奇多元的阅读体验和审美感受等。

随着资本时代的到来，以及网络文学的创作由原生状态进入资本运作时代，网络文学普遍采取付费阅读、点击率、利润分成等经济模式，网络文学的“网络性”不再意味着自由的写作和传播，而是更多地与粉丝数量、点击率高低、刷票率高低、排行榜名次等网站运营模式挂钩。于是，网络文学的文学性不断弱化，而资本经济、市场驱动和商业化运营模式成为网络文学“网络性”的主要特征，并日益成为束缚文学自由创作的遏制性因素。至此，网络文学的“网络性”和“文学性”之间已发生了深刻的断裂和悖反。

张颐武　著名学者、北京大学中文系教授

消费倾向影响着市场的选择

网络文学有它自身的特点，第一，许多作品篇幅浩瀚；第二，类型多样，穿越、玄幻、惊悚、探险等；第三，受众以年轻人为中心。事实上，影视作品特别是电影的观众，同样是以年轻人为主，它们的受众是重合的。所以说，网络文学改成影视剧，是必然的。

网络文学的作者大都是年轻人，他们很多没有受过正规的文学训练，可能在技巧、语言等方面有所不足，但是他们能够了解年轻人的想法。同时，也正因为没有受过训练，反而不会被拘束，想象力天马行空，能够创作出非常好的故事、非常感人的人物。这就能够吸引读者，同时也更符合影视改编的要求。对于影视剧，饱满的情节、生动的人物形象更加重要。

消费倾向影响着市场的选择。现代社会市场的分化越来越细，大众文化产品对于文学资源的选择，当然也有不同。男孩子可能更爱网络游戏中纵横江湖的感觉，而女孩子则更加感性一点。这就造成了网络文学改编不同的方向。

南派三叔 《盗墓笔记》作者

为改编而写网络小说难成好 IP

网络小说的成功来自其自由的创作状态以及与网友的时时互动，仅仅为了改编成影视剧或游戏而创作的网络小说，不会成为好 IP。

泛娱乐化究其根本就是一部好的作品诞生之后，通过不同的媒介进行传播和再巩固。在中国，与深受 ACG（Animation、Comic、Game 的缩写，是动画、漫画、游戏的总称）文化影响的网络一代一同成长起来的网络文学，无疑是最理想的跨媒介传播内容，也就是所谓的好 IP。

然而，资本的关注也在瓦解网络文学最宝贵的多样性与自由化创作。一份网络文学报告显示，现在影视游戏产业资本最关注的是“玄幻题材”，因为这一类型架空的世界观与“修炼闯关”的设定，最易于改编成影视剧或游戏。

目前《盗墓笔记》已经成为国内最火的 IP 之一，围绕该作品的网络剧、电影、网游、手游不断涌现。而《盗墓笔记》之所以成功，得益于当时“单纯”的创作心态。当时写作比较痛苦，因为小说不光要有吸引人的情节，还需要对人性的严密剖析。盗墓是一个虚拟设定，如何让小说人物的反应符合人情与逻辑，需要长时间的酝酿。IP 开发体现了对个体创意价值的认同，IP 热提升了网络作家的“幸福感”，但是网络小说不该盲目迎合其他媒介，为改编而创作，忽视内容的丰盈，这样最终会丢失自己的锐度。

International | # 国际

主题主编 张钊

中美关系与“修昔底德陷阱”

当民主逻辑遭遇资本逻辑

中美关系与“修昔底德陷阱”

01

KEEPING THE
MINUTES OF CHINA
WITH THOUGHTS

主题文章

金灿荣　中美关系能跳出“修昔底德陷阱”吗？
叶自成　以中华智慧破解“修昔底德陷阱”
邵鹏鸣　避免“修昔底德陷阱”关键在美国

延伸阅读

郭小凌　“修昔底德陷阱”是怎么回事
李　泉　英德“一战”时是如何掉入“修昔底德陷阱”的？

名家观点

朱　锋　彭光谦　郑振清　鲍盛钢

主题文章 | Key Articles

中美关系能跳出“修昔底德陷阱”吗?

金灿荣

核心提示

今年9月，中国国家主席习近平将对美国进行就任以来首次国是访问。在此之际，中美关系这个世界上最重要的双边关系再次成为各方关注的焦点。近年来，随着中国快速崛起，一种大国必然对抗的历史宿命论也紧紧裹挟在中美关系之中，其中典型的是关于“修昔底德陷阱”的谶语。中美要避免大国必然对抗的历史性宿命，跳出“修昔底德陷阱”，需要面临哪些新问题呢?

从2010年开始，中美就进入“修昔底德陷阱”(Thucydides's Trap)。修昔底德，古希腊著名历史学家、西方哲学之父，他的著作中写道，新兴大国和守成大国之间的矛盾很难调解，最后结局往往是战争。后来，西方的历史不断地在重演这个悲剧。虽然中美5年前就进入“修昔底德陷阱”，但直到2014年，陷阱效应才发挥出来。

2014年4月，美国发布了一个报告，认为根据PPP(购买力平价)方法计算，中国GDP已经超过美国。不久后，世界银行的报告得出了一个相似的结论，并预测了一个具体的时间，表示具体某月某日，中国GDP超过了美国。在美国，这两个报告有一定影响力，对“修昔底德陷阱”效应的发挥起到了一定作用。

未来中美关系面临八个新问题

今后，中美关系最大的问题还是战略不信任，互相猜

金灿荣
中国人民大学国际关系学院副院长、中国人民大学美国研究中心副主任

疑，这是中美间最大的矛盾。除了战略猜疑，由于“修昔底德陷阱”，中美还会遇到越来越多的问题。我认为，未来中美关系是新老问题并存。“老问题”，如中美的结构性矛盾。其中，随着2016年台湾地区领导人选举的到来，台湾问题还会有某种程度的凸显。就双边关系而言，新问题主要有以下八个。

一是地区领导权竞争。中国经济不断增长，增长带动地区发展，所以越来越多的国家发展跟中国的发展连在一起。经济联系到一定程度以后，自然在战略上有新的考虑。即使我们主观上没有任何意识要挑战美国，但是从美国的角度讲，它会认为中国在亚太地区排挤它。

二是中国的军事现代化让美国感受到了威胁。中国军事现代化速度非常快。美国的霸权由四根支柱构成：军事优势、高科技优势、金融主导权以及软实力。其中，硬中之硬应是军事优势，所以中国的军事现代化在美国看来就是一个非常大的挑战。因为中国是世界上规模最大的工业大国，近些年技术追赶得非常快。有强大的工业，一定会有强大的军事力量。

三是网络博弈。中美现在的竞争除了传统的陆海空竞争，正在往无线空间扩展。

四是中国产业化升级，人民币国际化带给美国的挑战。中国的产业升级，我认为是进展顺利的，人民币国际化进展现在也是顺利的。但这会使得中美的经贸关系从原来的互补性变成竞争性。

五是中国要走向海洋，这对美国的挑战也非常大。美国原以为中国是陆上强权，它是海上强权，大家可以各得其所。但现在，中国领导人表示“太平洋足够大，容得下中美两国”。中国人觉得很合理，美国人心里还难以接受。

六是中国国内政治多元化，对美国也有影响。政治多元化，总体来讲对中国经济进步是件好事，但是在对美政策上存在问题：对美共识现在变得越来越困难。以前都是美国的内部政策干扰对华决策，但现在，中国国内政策开始对美政策有影响。

七是在不远的将来，美国学界会形成一个针对中国模式的共识。目前关于“中国模式”，主要是美国媒体和少数学者在谈，中国也是这样，中国不承认有“中国模式”，现在还在摸索中国道路。但再过几年，美国学界应当会认为，“中国模式”的治理效力真是不错的。一旦形成这样的共识，又会对中美关系产生新的影响。

八是美国现在开始变得不自信，变得非常焦虑，所以美国比以前更难打交道。

对中美关系仍感乐观的三大原因

虽然存在这么多问题，我认为中美关系的未来结构仍是开放的。我们有条件处理好中美关系。

第一，老游戏、新选手。中美现在处在“修昔底德陷阱”，这是一个老问题，但中美这两个选手是新的。我们跟历史上所有对手相比有一些新东西：一是两个国家都是超大型国家，块头大。“超大型国家”的物理含义就是两家不要期望把对方击败，再不喜欢对方也只能凑合着过。二是中美都是文明性国家，是靠价值观把大家集合起来，而不是靠血缘，所以包容性更强。三是中美之间的社会文化方面有很多共性，都是务实主义的国家、实用主义的国家、个人主义的国家。同时，中美都很重视软实力，懂得谈判、博弈。

第二，老游戏、新时代。目前，我们所处的时代与一百年前英德打“一战”时有几个不同：现在是核时代，是全球化时代，是市民社会。市民社会崇拜商业英雄，本身是反战的。此外，当今时代的国际组织和国际法律比一百年前更刚性化，更强调法治。

第三，让我们对中美关系有信心的是，从 1972 年开始到现在，43 年间，中美交往留下了积极的遗产，包括经济相互依赖、社会联系多元化等，我们已经有了不少共同解决问题的经验。

主动构建中美功能性伙伴关系

未来十年，中美关系一定是不平静的，一定是非常艰难的。习近平主席提出中美建设新型大国关系，这是国际关系历史上的创新。我们知道现在面临的问题，但是我们希望通过一种战略创新跳出这个“陷阱”。对新型大国关系，美国现在的态度不确定，不确定就有做工作的机会。所以，我们要坚持推动中美新型大国关系的建设，一定要让中美合作取得实实在在的成果。如是，中美关系最后跳出“修昔底德陷阱”、建立功能性伙伴关系就有希望。因为功能性伙伴最主要的表现是议题合作，这是中美关系能达到的一个最佳结果。

（本文系根据国际先驱导报记者邓媛采访整理）

以中华智慧破解“修昔底德陷阱”

叶自成

核心提示

照搬西方处理大国关系的逻辑思维方法，掉进“修昔底德陷阱”的概率较高；而按中华历史文化的思维则有可能柳暗花明，避免掉进“修昔底德陷阱”。中美关系带有全局性和战略性，在中美之间探索出一种合作而非对立、双赢而非“零和”、良性竞争而非恶意博弈的新型大国关系模式，就是化解“修昔底德陷阱”必须解答好的重大命题。

化解“修昔底德陷阱”，从中华文化中寻找吸取构建新型大国关系的方法

虽然在历史上也有英美之间权力和平转移的特例，但西方国际关系的主流更认同所谓大国对抗的观点。古希腊著名历史学家修昔底德在总结雅典和斯巴达冲突的根源时指出：一个新崛起的大国必然要挑战现存大国，而现存大国也必然会回应这种威胁。这样，战争变得不可避免。他认为，“使得战争无可避免的原因是雅典日益壮大的力量，还有这种力量在斯巴达造成的恐惧”。

近代以来，西方主导的国际关系实践及理论研究也支持这一说法。西方学者，如保罗·肯尼迪和米尔斯海默等人，在总结近代以来西方主导的国际关系实践时，也提出国家成长或者经济增长本身导致了扩张、竞争、对抗、危机、冲突乃至战争。在近代西方国际体系中，英国、法国、德国、俄罗斯、意大利、奥匈帝国等在其大国崛起的过程中，都引发了大量的战争，有的通过战争取代了先前的霸权国。米尔斯海默甚至以这个逻辑来观察中美关系并

叶自成
北京大学国际关系学院教授、北京大学中国战略研究中心主任

得出结论：中美之间的冲突是不可避免的。

构建新型大国关系，首先要跳出这种逻辑推理的思维方法。2014 年 1 月，习近平总书记在接受美国《世界邮报》专访时指出，应该努力避免陷入“修昔底德陷阱”，强国只能追求霸权的主张不适用于中国，中国没有实施这种行动的基因。

习近平总书记的这种理念，既来源于对中国改革开放三十多年来实践发展的经验教训的总结，也来源于对中国传统文化精华的学习和提炼。他的多次重要讲话，都大量引用《易经》《老子》《论语》《孟子》《荀子》《商君书》等经典著作，强调“中国传统文化博大精深，学习和掌握其中的各种思想精华，对树立正确的世界观、人生观、价值观很有益处”。在“中国梦”、以民为本、以法治国、人与自然和谐一体、新型国家利益观等重要的治国理念中，都能见到中华历史文化精华的营养。

所以，照搬西方处理大国关系的逻辑思维方法，掉进“修昔底德陷阱”的概率较高；而按照中华历史文化的思维则有可能柳暗花明，避免掉进“修昔底德陷阱”，构建出大国关系的新模式。

中国避免跌入“修昔底德陷阱”的历史文化基因：和平思维、同舟共济、见利思义、以民为本

新兴大国与守成大国的对抗，首要原因在于对国际形势的误判。要建立新型大国关系，就要使所有的大国明白，今天各国所处的国际环境已经与过去完全不同，必须建立新型的大国关系。习近平从中国历史文化的和平思维中，指出“和平发展合作共赢的时代潮流”是新的时代特点，没有和平，发展就无从谈起，全球化形成了一荣俱荣、一损俱损的利益关联。这不仅大大弱化新兴大国与守成大国对抗的意愿，更显著降低了彼此发生冲突和战争的风险。和平发展合作共赢的时代大潮流是建立新型大国关系的前提。

新兴大国与守成大国的对抗，第二个重要的原因在于，都想推翻过去的国际秩序，建立一个以自己为中心并占主导地位的国际秩序。过去的英法之间、英德之间、英法俄与德奥之间、英法美苏与德意日之间、苏联与美国之间对抗和冲突的根源，实质上是两种完全不同的国际秩序的竞争和冲突，或者都是为了在国际秩序中获得排他性的主导和优势地位。所以，要避免大国之间、大国集团之间的冲突和竞争的灾难，就必须在国际秩序观上有新的突破。

面对国际形势的深刻变化和世界各国同舟共济的客观要求，中国提出“各国应该共同推动建立以合作共赢为核心的新型国际关系”，共同享受尊严，共同享受发展成果，共同享受安全保障，合作共赢是实现目标的共同途径，共同遵守的规则。所以，以合作共赢为核心的新型大国关系，将是所有国家参治和主要大国共治的关系，联合国、20国集团将在其间起着重大作用，而不是原来大国关系的那种排他性恶性竞争。

新兴大国与守成大国的对抗，第三个根源是由于各自追求的国家利益之间存在不可调和的重大或根本性的矛盾。因此，要避免过去大国冲突的历史铁律，就必须彻底摒弃有你无我，以力取利、赢者通吃的以零和游戏为特征的传统国家利益观。在争取、维护、发展中国国家利益的外交实践中，在吸收中国传统文化中义利观的精华的基础上，我们形成了新的国家利益观。传统义利观的精华，就是孔子提出的“见利思义”。

新兴大国与守成大国的对抗，其第四个根源是由于大国追求安全的结果，导致相互都觉得不安全，你的安全是我的威胁，我的安全是你的威胁，每个国家集团安全的结果导致另一个国家集团的不安全，单独追求安全的结果最终导致冲突和战争。要避免过去大国冲突的历史铁律，就必须彻底摆脱大国之间的安全困境，建立以共同安全为目的的新型安全体系。

当前，我们应该摒弃冷战思维，积极倡导综合安全、共同安全、合作安全的新理念。摒弃冷战思维，就是以平等合作、和平谈判的方式解决争端，并就共同关心的安全问题进行广泛深入的合作。在强调共同安全时，中国特别强调这些安全措施的结果必须是有利于人民的，就是为本地区人民营造更加和平、更加安宁、更加温馨的地区家园。这也体现了中国领导人不仅在国内政治中贯彻以人为本、以民为本，而且在国际关系中也贯穿这种思想。

中国避免跌入“修昔底德陷阱”的实践基因

从中国和平发展30多年的实践来看，中国的崛起也有许多方面不同于过去与霸权国争霸的那些新兴大国，与当年的英国、西班牙、德国、日本、苏联等崛起时的情况有重大不同。

中国的和平发展不以单方面追求本国的权力为目的。中国并不认为现在的大国关系是一种零和游戏，中国的快速发展和影响力的快速增加并不必然导致其他大国的影响力下降。中国改革开放以来持续30多年的快速发展，使中国成为世界经济的主要发动机之一，许多国家从中国的经济发展中得到了大量的经济利益。

中国不把任何地区视为中国的势力范围，不与任何国家结成排他性的、针对第三国的军事联盟。中国与其他发展中国家的小国、弱国的关系，也没有西方历史上那种大国与被保护国、附属国、势力范围的关系。这也大大降低了西方历史上那种大国之间的军事结盟引发直接和间接战争的可能性。

中国在和平发展过程中处理与国际环境关系的一个最基本的国策就是中国反霸但不称霸、不争霸。中国永远不做超级大国、永远不称霸是中国过去现在和将来的既定国策。中国在历史上曾经最强盛的时候，也没有在东亚和世界称霸，以中国为中心的东亚体系和欧洲国际体系重大的区别，就是在东亚体系中没有发生过类似西方的三十年战争、十字军战争、“一战”、“二战”。中国的不称霸原则，既是中国和平发展进程的基本指向，也是避免与其他大国和霸权国发生大规模冲突和战争的基本因素。

中美关系带有全局性和战略性，因此，它会对其他的大国关系产生重大甚至是决定性的影响。在中美之间探索出一种合作而非对立、双赢而非“零和”、良性竞争而非恶意博弈的新型大国关系模式，就是化解“修昔底德陷阱”必须解答好的重大命题。

中美关系已经开始形成易经思维的阴阳关系。这是一种你中有我，我中有你的新型大国关系。中国与美国之间没有边界领土争端等历史遗留的重大问题，并无你赢我输的零和博弈。中国不仅不推翻现存的以美国为中心的国际体系，反而积极努力地融入了这个体系；中国不仅没有挑战现存的美国主导的国际秩序，反而积极遵守和维护以国际法和公认的国际准则为基础的现存秩序，甚至在许多方面比美国更愿意维护联合国机制、WTO 机制。最易引起中美冲突的台湾问题，尽管仍是中美之间的一个矛盾因素，但在中美大局中的影响和作用大大下降。中美关系似敌似友，非敌非友，退中有进，竞争中有合作，总的趋势是朝着稳定对话和合作伙伴关系发展的。

化解“修昔底德陷阱”，构建新型的大国关系，需要从中华传统文化的精华中吸取新的思维、新的思想。习近平提出的邀请大国与中国共同和平发展、以合作共赢为目的、以共同利益和兼顾他国利益为动力、以共同安全为核心等思想，是中华历史文化精华的体现，可以视为中国构建新型大国关系的战略构想。

避免“修昔底德陷阱”关键在美国

邵鹏鸣

核心提示

中美是否能够避免“修昔底德陷阱”，关键在于美国的认知和决策，中国无主观意图去跟美国对抗。美国应该包容中国的正常发展，与中国分享大国应有的国际权力，尊重中国对领海主权的合理要求和选择符合自身实际情况发展的权利。双方努力才能使中美避免“修昔底德陷阱”。

随着中国经济实力的不断提升，美国国内逐渐认识到美国掉入“修昔底德陷阱”的危险。美国和中国各界开始担心中美之间是否必有一战。

1958 年，美国密歇根大学教授奥根斯基提出了类似观点。其“权力转移理论”认为，如果新兴国家在实力方面与主导国家接近并对与主导国家的现状秩序不满的情况下，新兴国家的工业化进程为战争提供了必要的前提条件。

西方人认为，“二战”后的六十多年来，美国版“太平洋治下的和平”为亚洲国家提供了安全和经济架构，促使这些国家在其历史上最快速的经济增长。美国哈佛大学国家利益委员会评论中国时称，这样一个分量的女歌唱家进入舞台时不能不产生影响。

近年来，由于中国要收回被日本、越南、菲律宾等非法占领的钓鱼岛、西沙和南沙部分岛礁，美国因此认为中国的崛起不是和平崛起。

邵鹏鸣
外交学院国际关系研究所博士，海南大学讲师

随着中国经济的增长和军力的提升，美国担心中国与其在亚太，甚至全球展开竞争，美国的世界权力会向中国不断转移。正如修昔底德和奥根斯基所说的那样，中美之

间逐渐具备战争条件，最后必将一战并且相互摧毁。

1860 年到 1894 年，美国工业生产总值增长了 4 倍，由占世界第四位跃居首位。1890 年，马汉在著作《论海上力量对历史的影响》一书中，提出了美国如果有了强大的海军，就能够在海上居于统治地位，从而控制全球贸易控制权。美国开始夺取古巴，侵占菲律宾，利用“门户开放”政策在中国攫取利益，推行“大棒政策”和“金元外交”把拉美各国在不同程度上变成美国的附属国。

随着中国的崛起，美国利用跨太平洋伙伴关系协议，组建“经济北约”，意欲在经济上牵制中国；同时，与日本合作发展下一代导弹防御系统，与澳大利亚开展在网络空间的合作，与韩国加强反扩散合作等，部署在亚洲的军事力量大幅攀升，在军事上积极制约中国。

美国哥伦比亚大学罗伯特·杰维斯教授在其著作《国际政治中的知觉与错误知觉》中谈道，从心理学的角度看，人都有保持自己原有认识的趋向，当他们接受新的信息的时候，总是下意识地使新的信息与自己原有的认识保持一致，这就是认知相符现象。认知相符心理也容易导致错误知觉的生成。

美国在工业生产总值占居世界第一之后，开始对拉美和亚洲国家进行掠夺，其认知相符的心理也认为中国在经济总量达到世界第一后会对亚洲国家，甚至在全球扩展自身的力量，与美国展开竞争，从而削弱美国的世界霸主地位。实质上，这是美国作茧自缚，以己之心度中国之腹。

国际货币基金组织最新的年度报告显示，到 2014 年年底，用购买力评价的方法调整后测算，中国的经济总量超过美国，中国正在取代美国成为世界第一大经济体。但是，美国人均国内生产总值是 53143 美元，中国只有 6807 美元；美国的股市价值约是中国的 6 倍；美国吸引外来直接投资和对外投资都居世界首位；美国在创新、能源和高等教育方面的优势源源不断地为其经济注入活力。

并且，一个经济体最重要的优势不是单纯的总量，单纯的总量不是绝对最强大国家的最重要变量。1820 年，中国的 GDP 约为英国的 7 倍，却在 1840－1842 年的鸦片战争中被英国击败，致使中国陷入了“耻辱世纪”。

美国除了拥有经济优势之外，还有其军事力量和同盟、地理优势、人口构成和移民以及全球的领导地位等众多优势。中国在综合国力方面追赶美国还需要长期努力。

中国传统文化强调以和为贵，家和万事兴，在国际关系领域，主张和而不同。中国提出构建中美新型大国关系，不冲突不对抗，相互尊重，互利共赢，宽广的太平洋两岸有足够的空间容纳中美两个大国。这说明中国在文化根底上无意与任何一个国家对抗，当然也包括不与美国对抗。

纵观中美两国的历史、现实和文化传统，中美是否能够避免“修昔底德陷阱”，关键在于美国的认知和决策，中国无主观意图去跟美国对抗。美国应该包容中国的正常发展，与中国分享大国应有的国际权力，尊重中国对领海主权的合理要求和选择符合自身实际情况发展的权利。双方努力才能使中美避免“修昔底德陷阱”。

延伸阅读 | Extended Readings

“修昔底德陷阱”是怎么回事

郭小凌

核心提示

所谓“修昔底德陷阱”是现代学者对修昔底德解释的一种再诠释，修昔底德本人并未有陷阱之说。2012 年 8 月，哈佛大学政治学家格拉汉姆·艾利森在《金融时报》上发表题为《“修昔底德陷阱”已凸显于太平洋》的文章，副标题就直白地指出：“中国与美国就是今天的雅典和斯巴达”。

随着中国经济的高速发展与国家实力的不断增强，尽管中国政府反复申明和平发展的决心，但大洋彼岸另一个大国的有些人却始终惴惴不安，不仅制定并实施所谓再平衡的制衡战略，还借学者之口提出未来两国关系有落入“修昔底德陷阱”的可能性。这反映出某些人士内心的焦虑与恐惧。

修昔底德是古希腊在求真求实方面做得最好的史学家。他的唯一传世之作《伯罗奔尼撒战争史》不是政治家曾经沧海之后的往事回忆，而是古典史学中少有的在场者的实录。作者在那场震撼希腊世界的大战刚刚开始时，便敏感地意识到这场战争比以往任何战争都值得撰述，因此自觉跟踪战争的进程，同步记写长达 27 年，可谓 27 年磨一剑。

从今人的角度看，伯罗奔尼撒战争不过是规模很小的局部战争，战争的结果并非是两霸的毁灭。事实是雅典虽遭惨败，但其很快东山再起，组建第二次海上同盟，并长期保持地中海区域文化中心的地位。斯巴达战后走向没落，但并未毁灭，没落的直接原因不是战争的破坏，而是

郭小凌
首都博物馆
馆长

因为战争胜利引起贵族阶级的骄傲和腐败。原本艰苦奋斗和平均主义的斯巴达公民集体在商品货币关系的冲击下轰然解体。

所谓“修昔底德陷阱”是现代学者对修昔底德解释的一种再诠释，修昔底德本人并未有陷阱之说。他在《伯罗奔尼撒战争史》第一卷中曾就事论事，认为以斯巴达为首的伯罗奔尼撒同盟和以雅典为首的提洛同盟之间战争的根源在于两个因素：雅典的崛起和对老霸主斯巴达造成的心理冲击——恐惧。至于战前雅典和斯巴达盟邦之间大大小小的政治、经济和军事冲突，不过是这一根源的外延。

修昔底德在讨论国际政治事件的起因时喜欢用的 3 个术语，即恐惧、荣誉和利益。在他看来，恐惧出自对自身安全的担忧。古代世界奉行强者为主、弱者为奴的基本国际关系准则，任何国家都会对其竞争对手实力的增长怀有恐惧之心。修昔底德认为，这种恐惧与荣誉就是“面子”。老霸主的威望因新霸主的崛起而受到威胁，常常在与新霸主的对峙中丢了面子。利益则意味着国家存在的物质条件。面子受损和利益受到威胁，自然会引起被威胁方与威胁方的冲突。

文艺复兴以来，欧洲不时有学者借用修昔底德的因果解释来说明历史上的战争起因。其中颇为典型的借用者是英国历史哲学家汤因比。当第一次世界大战爆发之后，他立即联想到自己熟悉的伯罗奔尼撒战争。汤因比认为不同时代的两次大战实际上属于同一个历史阶段，古代的伯罗奔尼撒战争不再是孤立的个案，而具有了一般性，战争爆发的原因自然也具有普遍的参照意义。他的 12 卷本历史哲学大作《历史研究》虽不是因为这个突发灵感才开始动笔，但与此有直接关联。

把修昔底德的解释比喻成“陷阱”的人，是现任哈佛大学贝尔福科学与国际事务中心主任、著名政治学家格拉汉姆·艾利森。这位年逾 70 的老学者，2012 年 8 月在英国知识分子喜欢的《金融时报》上发表文章，标题触目惊心：“‘修昔底德陷阱’已凸显于太平洋”（Thucydides’s trap has been sprung in the Pacific）。《金融时报》加注的副标题更加直白：“中国与美国就是今天的雅典和斯巴达”。

文章指出，目前美中所面临的挑战同当年雅典与斯巴达、英国与德国在“一战”中面临的情形相类似。中国在南中国海和在东中国海钓鱼岛列岛主岛表现出的日益强硬姿态是一种重要的征象。作者提出疑问：“中国和美国能避开‘修昔底德陷阱’吗”？修昔底德在谈到雅典的崛起与斯巴达的恐惧时，认为两国之间的战争不可避免。艾利森的解答却有乐观的成分。他认为历史上也有和平的结局，只要两个有关国家的政府与社会在态度与行动上作出巨大的调整。他警告双方不要掉进“修昔底德陷阱”。

艾利森的提法引起西方各界的注意，也引起了不少批评。美国《外交家》杂志防务分析家霍尔姆斯就对此不以为然。他认为不能对现实与历史进行简单的类比。美国不是斯巴达，中国也不是雅典，今天的世界与前天的世界并不相同。情况如何发展主要取决于北京、华盛顿和其他利益相关国家的政治决策者的选择，而不是有关崛起与衰落的简单类比。

“修昔底德陷阱”是一种历史类比，说明历史具有前事不忘后事之师的借鉴价值。但人毕竟是具有主观能动性的理性动物，历史上的灾难与好运都是人们自我选择的结果，并不具有天命眷顾的必然性。所以无论艾利森的“修昔底德陷阱”是否合理，我们大可把它看作一口长鸣的警钟，在发展的道路上大步迈进时小心自己的落脚之处，不要踏入历史预设的陷阱，而这样的陷阱在发展的道路上绝不止一处。

英德“一战”时是如何掉入“修昔底德陷阱”的？

李 泉

核心提示

新兴崛起国与老牌霸权国之间难以避免的冲突乃至战争，被称为“修昔底德陷阱”。德国与英国在第一次世界大战中的对决被视为最经典的案例之一。如今，探究德英冲突的成因，对于有关国家避免重蹈历史覆辙、建立新型大国关系、维护世界和平与安全具有至关重要的警示意义。

结构性矛盾难以调和

迄今为止，真正具有主导世界能力的霸权国只出现过两个，这就是近代英国和当代美国。与它们在某种意义上大致相当的只有古代称霸欧洲、西亚、北非、地中海广大地区长达三四个世纪的罗马帝国。这三大霸权国创业靠的是“刀与剑”，守成离不开“血与火”。面对崛起国，其本能反应自然而然地表现为以超强实力予以遏制。这是霸权国与生俱来、无法更改的天性。

英帝国是世界近代史上最庞大的帝国，称霸世界长达一个世纪。1900 年，英帝国拥有 3108 万平方公里的土地和占世界四分之一的人口；拥有最强大的海军、最庞大的商船队和世界金融中心。19 世纪末 20 世纪初，随着美国、德国、日本崛起，英国实力相对下降，面临着如何与崛起国相处的抉择。英国虽然仍是世界上头号强国，但已无全面打压别国的实力，于是采取区别对待的策略，与美国和解，与日本结盟，集中全力对付德国。在英国看来，德国既有挑战的实力和意图，又近在咫尺，实乃心腹之患。

李 泉
军事科学院军事历史和百科研究部副部长、少将

1871 年赢得普法战争胜利和实现德意志民族统一后，德国发展迅猛，到 20 世纪初已经成为一个人口众多、文化素质高、军事实力强、经济实力雄厚的资本主义强国。它拥有欧洲战斗力最强的陆军和紧随英国之后的世界第二大海军、世界第二大商船队。其工业实力超过英国，位于世界第二（仅次于美国）。

具备如此实力的德国，在德皇威廉二世于 1897 年任命蒂尔皮茨为海军大臣、皮洛夫为外交大臣之后，便抛弃了俾斯麦立足欧洲大陆的“大陆政策”，开始推行“世界政策”，其实质就是在称霸欧洲大陆的基础上，扩建海军、争夺制海权，向海外扩展殖民地，争霸世界，建立大德意志帝国。

德国的“世界政策”与英国的世界霸权存在着难以调和的结构性矛盾。德国称霸欧洲的企图，与英国维持欧洲均势的政策背道而驰。历史上，英国总是联合欧洲大陆国家遏制欧洲大陆上最强大的那个国家，不可避免地要反对任何一个企图称霸欧洲的国家；德国扩建海军，直接威胁英国的海上霸权；德国争夺“日光下的地盘”，在殖民地已经接近瓜分完毕的情况下，迟来的德国必然越来越多地闯入占有殖民地最多的英国的势力范围。因此，英国得出结论，德英对立的矛盾根深蒂固地存在于两个国家的相对地位之中，双方武装冲突终究不可避免，必须对德国加以遏制。

海上争霸走向敌对

海上霸权被英帝国视为生存的支柱和必须竭尽全力确保的核心利益，决不允许受到挑战。1911 年 5 月，英国外交大臣格雷在英帝国秘密会议上就说：“真正决定英国外交政策的，是海上霸权的问题。”德国大力扩建海军，“一战”前几年德国 60% 的军事预算都花在海军建设上，直接挑战英国核心利益，导致德英关系迅速敌对化。

建立强大的海军舰队是威廉二世政治意图的核心。早在 1897 年他就宣称，“德国的未来在海上”，只有舰队才能保证德国获得与其经济实力、文化水平相称的世界强国地位，才能保证攫取海外殖民地。1898 年，德国国会通过第一个海军法案，计划在 6 年内形成各有 8 艘战列舰的两支分舰队。之后又通过多个海军附加法案，紧跟英国步伐，大力建造战列舰。1914 年“一战”爆发时，德国拥有战列舰、战列巡洋舰 41 艘，英国拥有战列舰、战列巡洋舰 69 艘。德国海军由 1898 年的世界第六位，一跃成为仅次于英国的世界第二大海军力量。

德国扩建海军从一开始就针对英国。1897 年，德国海军大臣蒂尔皮茨提交给威廉二世的备忘录就已明确把英国当做假想敌：“对德国来说，当前最危险的敌人是英国。”英国对此保持高度戒备。1902 年，英国海军大臣塞尔伯恩在一份内阁文件中指出：德国舰队的巡航距离短，是专门设计用来对英国本土作战的。1904 年，英国海军部拟订了第一份对德战争计划。1909 年，英国爆发“海军恐慌”，担忧德国海军后来居上，决定将当年建造“无畏”级战列舰的数量，由原计划的 4 艘猛增到 10 艘。1912 年 3 月，英国海军大臣丘吉尔在议会作出强硬表态，明确宣布德国是英国在海上唯一的敌人，德国每造一艘主力舰，英国就造两艘。

不过，英国的所谓“海军恐慌”是霸权国对崛起国常有的那种过度恐慌，甚至是别有用心故意渲染的结果。“德国威胁论”有利用的价值。英国第一海务大臣费希尔后来也承认：“是海军部制造了这场恐慌，事实是英国必须夸大对德国的海上劣势。”

鲁莽外交火上浇油

1871 年至 1890 年俾斯麦主政期间，德国推行“大陆政策”，外交稳健务实，为德国赢得了游刃有余的国际环境。1890 年 3 月，俾斯麦被迫辞职后，德国步入“新路线”时期，继而于 1897 年开始推行“世界政策”，外交上鲁莽短视，非理性举措一再上演。

德国一开始对与英国结盟抱有无限痴迷而又不切实际的期望，妄想德英两个大国合作主宰欧洲事务。威廉二世对其舅父——英国国王爱德华七世说：“没有英国的首肯，在欧洲一只耗子也不能乱动一下。”1898 年至 1901 年，英国提出与德国建立关于远东的地区性同盟，德国不理解英国决不加入任何无限制的军事同盟的外交传统，强求英国与三国同盟建立全面同盟，结果谈判失败。英国转而于 1902 年与日本建立关于远东的地区性同盟，1904 年、1907 年又先后签订《英法协约》《英俄协约》，德奥集团陷入包围。

德皇及其外交智囊的鲁莽冒失典型地反映在“克鲁格电报事件”上。1895 年 12 月 29 日，英国派詹姆森率领一支骑兵入侵南非的德兰士瓦共和国，遭到惨败，詹姆森被俘，英国政府极为尴尬。在德国舆论和外交部的鼓动下，1896 年 1 月 3 日，威廉二世给德兰士瓦总统克鲁格发出电报，祝贺他“依靠本国的人民而不求助于友邦，成功地粉碎了武装匪徒的入侵”。

在英国看来，这是德国对英国的羞辱和挑衅，因此大为恼怒。

“一战”前两次摩洛哥危机则表明德国只知道制造危机，而不懂得如何收场。1905 年，法国在英国的支持下企图将摩洛哥变成法国的保护国。为阻挠英法计划，威廉二世在摩洛哥丹吉尔港公开表示，要维护摩洛哥的主权和独立，保卫德国在摩洛哥的利益。德国政府叫嚣：“如果法军越过摩洛哥边境，德军也将立即越过法国边境。”但是，英国立即对德国发出警告，不许德国对法国进行战争威胁，同时与法国磋商军事合作措施。德国并未做好战争准备，只好同意通过国际会议解决争端。1911 年的摩洛哥危机，也因英国干预，德国不得不收手。这都导致德英关系势同水火，同时极大地拉近了英法关系。

德英关系恶化是由双方结构性矛盾决定的，但德国外交的拙劣举动无疑起着火上浇油的作用：推行“反俄联英”政策，断送了德俄关系，将俄国推到了宿敌法国一边；不理解英国外交传统，错过了与英国结盟的机会；处理突发事件时，感情用事，虚张声势，结果成事不足，败事有余。随着摩擦一次又一次爆发，离最后的摊牌越来越近了。

兵戎相见两败俱伤

明者防祸于未萌，智者图患于将来。霸权国通常抱有在崛起国将强未强、将起未起之时将其消火的企图。英国传统的欧洲政策，实质就是打击老二，每当有企图称霸欧洲的国家崛起时，英国就出头组织其他国家将其打倒。1793 年至 1815 年，英国组织七次反法联盟摧毁了拿破仑帝国，到了 20 世纪初，它对崛起中的德国同样一点也不手软。

先发制人摧毁德国海军的企图，就是这种政策的反映。1904 年 11 月 18 日，英国《陆海军报》发表文章，论证用突然袭击消灭德国舰队的可行性。同年开始担任英国第一海务大臣的费希尔，同样就此问题向国王乔治五世提出了建议，并开始全面调整海军部署。英国皇家海军原有 9 支舰队，其中 8 支分布在海外。调整后，精简为 5 支舰队，其中 3 支舰队集中到欧洲海域，特别是部署在本土海域的“海峡舰队”的战列舰由 8 艘增加到 17 艘。

德国不得不时刻警惕。德国海军大臣蒂尔皮茨上任伊始就提出：如果德国海军在北海与英国海军达到 2: 3 的比例，英国海军虽然可以打垮德国海军，但所遭受的损失将使其无力应对法、俄海军的挑战，从而丧失海上霸权，这种高风险将慑止英国对德国发动先发制人的战争；在此之前要尽量保持低调，尽可能不惊动英国。威廉二世也高度关注这一问题，1904 年 11 月 23 日在信中说，英国海军人士的夫人们“公开宣称，快要对大家宣战了，因为德国的海军还很弱，英国要把它消灭掉还不致冒什么风险，如果再过两年那就晚了”。

1914 年 6 月 28 日，萨拉热窝事件为英国提供了打垮德国的机会。这一次英国准备充分，再也不想让德国悬崖勒马。海军大臣丘吉尔说：“最近三年内，大家从未像这次准备得如此充分。”德国工业生产能力比英国强大，在海军竞赛中总有赶上来的时候。对英国来说，迟打不如早打，再拖延下去，将对自己不利。英国迫切希望在仍保持海军优势的情况下，通过战争击败德国。由于德国只敢跟法、俄开战，却没有与英国较量的勇气，一旦英国暴露参战的意图，德国可能再次收手，因此，英国有意隐藏其参战意向，伪装中立。战争爆发前两天的 7 月 26 日，英王乔治五世同威廉二世之弟普鲁士亲王亨利希会谈时仍说：“大家将竭尽全力保持中立而不卷入战争。”但到了奥匈帝国向塞尔维亚宣战的第二天，即 7 月 29 日，英国就明确表态，如果德、法两国卷入，英国“就不能长期作壁上观了”。这时的德国想让奥匈帝国紧急停战，但为时已晚。8 月 4 日，英国以德国破坏比利时中立为由对德国宣战。经过 4 年的战争，英国终于实现了打垮德国的目的。

第一次世界大战断了德国崛起的梦想，同时也加速了大英帝国的衰落，德英冲突和战争的历史就是两败俱伤的历史。一百多年过去了，如今的世界又似乎走到了历史的十字路口。前事不忘，后事之师。有关国家应秉持不冲突、不对抗、相互尊重、合作共赢的原则，共建新型大国关系，防止重蹈历史的覆辙，防止落入“修昔底德陷阱”。这是政治家们和爱好和平的人们都应当警醒的大问题。

名家观点 | Experts' Viewpoints

朱　锋　南京大学中国南海研究协同创新中心执行主任

中国还远达不到“修昔底德陷阱”高危期

中国今天确实面临着“修昔底德陷阱”的困扰。因为世界上诸多国家对于中国崛起的不安、怀疑和猜忌在明显上升。“中国威胁论”以及各种“唱衰中国论”都是“修昔底德陷阱”心态的生动反映。

但是，必须强调的是，目前中国发展的时代，还远远不是“修昔底德陷阱”的高危期。因为中国的发展迄今只引起了“权力变更”，还不是真正意义上的“权力更替”。中国和西方整体之间的实力对比有了变化，但并没有根本性的改变。任何对中国战略意图、政策方向和中国未来的过度解读，不管是“唱衰”还是“捧杀”，都是不健康的、消极的。

彭光谦　中国国家安全论坛副秘书长、少将

中美力量对比的转换可能而且必须是和平的

中国的迅速发展和中华民族的伟大复兴为什么能超越“修昔底德陷阱”的历史宿命？新兴的中国与当今世界唯一超级大国美国为什么有可能避免一场全面摊牌的战争较量？

这并不只是中国单方面的良好愿望，也绝非美国霸权的仁慈与善心，而是时代条件的重大变化，使得中美力量对比的转换是和平的，而且必须是和平的。

当代有两个现实是以前没有过的：第一个重大的现实是，与以往的大国相互隔绝、相互对立的关系不同，全球化的深入发展，各个国家的利益特别是大国间的利益相互依存度越来越高，全球越来越成为一个命运共同体，各国的生存与发展是相互连在一起、密切相关的。中国的发展并不挑战美国，甚至还为美国霸权的软着陆争取了必要的时间与空间。

当代第二个重大的现实是，由于科学技术的发展、战争手段的发展已经超过了战争目的的需要。中美之间的全面战争不会有胜利者。中国的发展进程固然会因此受到严重冲击，但美国霸权从此走入历史则是毫无疑问的。这肯定不是美国所要的结果。

郑振清　清华大学公共管理学院副教授

中美关系本质不同于“一战”前夕的德英关系

今天的中美关系本质上不同于“一战”前夕的德英关系。其一，中美竞争的基本格局是社会进化式的战略竞争，而非以直接利益冲突为主。在当代中美关系中，基于挑战—回应模式的利益冲突与政策摩擦不是没有，但并非主流；其二，中美具有强大的合作基础。中美两国是推动全球化与全球治理不可分离的双引擎，经济互赖已成两国经济体制和经济发展的关键部分；其三，中美都是核大国，具有恐怖的核威慑能力，一旦开战足以导致“相互保证毁灭”（Mutual Assured Destruction，简称 MAD）的可怕图景。MAD 可以控制 20 世纪的美苏争霸走向没有军事冲突的“冷战”，也足以约束 21 世纪的中美关系，不至于误入战争邪路。

鲍盛钢　曾任教于华东师范大学国际政治研究中心，现为旅加学者

“修昔底德陷阱”本身就是一种陷阱

“修昔底德陷阱”理论本身就是一种陷阱，因为实际上它是守成大国的一种舆论工具，是守成大国给新兴大国挖的一个陷阱。事实上，从历史上看，战争的根源往往是守成大国对新兴大国的遏制造成的。另外，守成大国往往代表了一种衰败的力量，自己不思进取，无所作为，又不许或者不愿看到别国的发展，只想维护自己的既得利益，认为遏制别国发展就可以继续当老大。

中国崛起是威胁还是机遇？显而易见，目前世界上越来越多的国家认识到中国崛起是机遇，至少认为是机遇大于威胁，而一意孤行、继续认为中国崛起是威胁无非是别有用心，或者无异于自绝中国机遇和自我边缘化。世界体系的陀螺仪正在转向中国，中国不仅是过去 30 年里全球化的最大赢家，并且正在成为 21 世纪全球化的主要引领者。无论是中国引进来战略还是走出去战略，其基础和核心都是全球化。

当民主逻辑遭遇资本逻辑

02

KEEPING THE
MINUTES OF CHINA
WITH THOUGHTS

主题文章 | Key Articles

到底拿什么拯救希腊债务危机?

吴家明

核心提示

近6年以来，希腊为避免违约，一直接受国际救助，条件是实行改革和财政紧缩。然而，紧缩政策加剧了希腊经济衰退。希腊因未能在6月30日向国际货币基金组织（IMF）偿还15.5亿欧元贷款，成为IMF史上首个违约的发达国家。当地时间7月5日，希腊采取民主的方式决定是否接受国际债权人的新一轮救助提议，举行全民公投。但是，究竟该拿什么拯救希腊债务危机，世界仍然一片迷茫。

对于希腊来说，这是特别的一天。“我赞成接受欧盟的条件，接受了就有面包。”一位在餐馆工作的希腊小伙子在公投问题上的态度既简单又实际。

当地时间7月5日，希腊人迎来一个对国家命运至关重要的日子——全民公投日。希腊民众将交出手中一票，决定是否接受国际债权人的新一轮救助提议。其实，这就是一个“还不还钱”的问题，如今却要以公民投票的方式来解决。现在的希腊，梦幻的神话背景下多了一丝无奈。

跌宕起伏的6年

2001年，希腊如愿加入欧元区，彼时的希腊经济在欧洲可以称得上“腾飞”，经济增长速度排在爱尔兰之后位列欧元区第二。不过，这次经济的“腾飞”只是吹了个美丽的泡泡。此外，希腊政府花起钱来也相当不含糊。数据显示，从1996年到2008年，希腊的公共开支增长了

吴家明
证券时报记者

80%。希腊公务员的平均年薪有7万欧元，而德国只有5.5万欧元。

2009年10月初，希腊政府突然宣布，2009年政府财政赤字和公共债务占国内生产总值的比例预计将分别达到12.7%和113%，远超欧盟《稳定与增长公约》规定的3%和60%的上限。希腊债务危机由此暴露。

2009年12月，惠誉将希腊评级由A-降至BBB+，这是希腊主权评级在过去10年中首次跌出A级。这让大家将目光投向希腊，立即被所见到的一切吓到：原本大家都认为在欧元区的大家庭里，希腊的债券与德国一样安全，但其实这是个严重的判断错误。很快，希腊被彻底关在资本市场的大门之外，欧元区债务危机开始走向深渊。

近6年时间以来，希腊一路走来可谓命运多舛、几经浮沉。希腊为避免违约一直接受国际救助，条件是实行改革和财政紧缩。然而，紧缩政策加剧了希腊经济衰退，希腊与国际债权人之间的关系变得很微妙，好几次都处在违约的边缘。

当然，希腊也曾给世界带来过希望。特别是在2014年，希腊迎来了多次历史时刻。当年4月，希腊在危机爆发后首次重返国际资本市场，虽然不少质疑者认为，希腊重返市场融资表面上的意义大于实质，或许只是通过发债重建自己的国际信用。不过，希腊所发行的30亿欧元5年期国债吸引认购资金超过200亿欧元，也难怪时任希腊总理萨马拉斯高呼："希腊又回来了！"到了当年11月，希腊再次迎来历史性时刻：该国经济三季度同比增长1.7%，这也是希腊债务危机导致经济连续衰退6年后首次恢复增长。

说"Yes"还是"No"

其实，市场对偶尔发作一次的"脱欧"威胁似乎渐渐麻木，但这一次希腊的公投闹剧再度上演，还是吸引了全世界的目光。

由于希腊必须在2015年6月底前偿还数10亿欧元的贷款，相关的救助计划也于6月底到期，国际债权人与希腊进行了近5个月的谈判，但依旧无果。这一次，国际债权人没有做出让步。在2010年和2012年分两轮向希腊提供过总额高达2400亿欧元的贷款后，他们最不希望的就是看到这样无休止的拖欠。就这样，希腊因未能向IMF偿还15.5亿欧元贷款，成为IMF史上首个违约的发达国家。在IMF70多年的历史中，希腊是第一个违约的发达国家，加入了此前由古巴、津巴布韦等国组成的违约队伍。

希腊就国际债权人救助条件举行的公投，选项只有两个，简单明了："Yes or No"。

然而，对希腊来说，要做的可能不止一个单项选择题那么简单。如果接受国际债权人救助条件，希腊将得到暂时性的援助，银行业也能恢复正常，但要在欧盟的监管下勒紧腰带过日子，还要继续面临一次次的讨债。此外，希腊的债务隐患仍然存在，随时可能爆发。否决国际债权人的救助条件，希腊会获得暂时的自主权，但将失去一切国际援助。尽管希腊政府一直煞费苦心地告诉选民，这不是对希腊是否留在欧元区进行表决，而是对救助协议的条款进行表决，但希腊退欧的阴影依旧挥之不去。

退欧可能性小

对于希腊公投所有可能发生的结果，美银美林发布报告分析认为，如果公投赞成满足国际债权人的要求，市场会有正面反应，但希腊国内政局会有很大的不确定性；反之，希腊退出欧元区的风险明显增加，能避免退出的可能性很小。

高盛似乎不这么看："即使公投的结果是拒绝，希腊仍将会留在欧元区。"德国副总理加布里尔也表示，实际上希腊政府多次重申，无论公投结果如何，希腊都义无反顾地坚守欧盟和欧元区的成员身份。而且根据欧盟公约，希腊也不可能因为任何一种公投结果就被逐出欧元区。

有海外媒体还认为，希腊政府很可能已经有了一个应对退欧的"B 计划"，而中国、俄罗斯将在其中扮演着重要的角色，俄罗斯甚至能以此打开北约一个缺口。

带来哪些警示?

与希腊类似，冰岛在 2010 年和 2011 年曾举行全民公投，决定是否向英国、荷兰赔钱。两次的结果都是多数公民喊"不"，在一定程度上给国际社会留下了"全民赖账"的形象。

那么，希腊的债务问题给全球其他国家带来哪些警示？美国基金公司分析师马博表示，希腊是一个典型的新兴市场问题，他们用一种无法控制的货币（欧元）发行债券。这与墨西哥以美元发行债券并无不同。其他新兴市场国家要促进经济发展，尽可能将货币贬值。不幸的是，希腊没有这项优势，这是最大的问题。

德国商业银行新兴市场研究主管西蒙表示，历史告诉我们，没有实质性的财政基本盈余或灵活的汇率，新兴市场国家在这种情况下更容易面临违约或债务减记。

有分析人士表示，对于发达国家而言，或许可以认为希腊退欧风险和2008年金融危机相比影响更小。但对于新兴市场国家来说，近几年来经济整体增长放缓，包括印尼、马来西亚等部分国家的本币虽然大幅贬值，以美元计价的债务数量却显著上升，使其在面临资本外逃时的脆弱性明显增加。

瑞银财富管理投资总监办公室发布的最新报告认为，如果希腊退出欧元区，区内不安情绪升温会打击投资者情绪，使得新兴市场资产全面承压。纵观所有新兴市场及资产类别，新兴欧洲、中东以及非洲在经济上对欧元区敞口最高，而新兴亚洲市场最小。

希腊困局：当民主逻辑遭遇资本逻辑

寒　竹

核心提示

当民主的逻辑遭遇资本的逻辑，资本的逻辑决不会退让，这是由西方社会的本质所决定。资本主义社会这个概念并非虚名，资本居于统治社会的最高端，民主虽然有一定位置，但民主并不能僭越资本的地位。虽然西方的民主逻辑与资本逻辑存在冲突，并不等于断言欧元区的领导人不会在希腊债务问题上让步。但即便做了让步，也不取决于民主的逻辑，而是取决于资本的算计。

希腊债务引发的困局，并不在于希腊是否接受这份协议中的具体条件。因为形势比人强，当希腊民众因债务危机而无法维系现有的生活时，终究会被迫接受这些条件的；而债权国基于长远的利益，也有可能减记希腊债务。希腊债务危机以及当前的困局表明，西方民主原则与资本原则之间存在结构性矛盾。无论是希腊债务的形成，还是希腊与欧元区各国之间的冲突，民主逻辑与资本逻辑的冲突都清晰可见。

希腊是欧洲南部第三波民主化的国家之一，但经济与政治实力远远落后于同属第三波民主化浪潮的西班牙、葡萄牙等国。希腊在民主化之前的历届独裁者都与美国关系密切，长期接受美国援助，军事装备大部分来自美国。20世纪70年代中期，希腊民主化后，希望搭上欧洲共同体的快车以加速本国的现代化进程，并在1981年加入了欧洲共同体。

但是，希腊加入欧共体并不是要重走法德及北欧等发达国家的工业化之路，而是希望依托欧共体直接进入发达国家行列。结果，希腊的工业化尚未完成，就进入服务业

寒　竹
旅美学者、春秋发展战略研究院研究员

占绝对主导地位的阶段。时至今日，希腊仍未形成现代工业体系，雇员少于10人的微型企业大约占了全国企业的95%。今天，按人均收入希腊虽然已归类于发达国家，但这个发达国家从未真正完成工业化，实际上是欧盟中的欠发达国家。

希腊经济的病态发展跟它的民主化进程有很大关系。西方式民主的一个根本特征是一人一票的普选。政治家能否上台取决于选民的选票，而绝大多数人的天性是趋乐避苦，希望减少税收和工作时间，增加工资与福利通常是大多数选民的要求。于是乎，西方政客为了获取政权，总是允诺选民会提高福利、提高最低工资、减少税收、减少工作时间。不过，在一般国家，政客们自相矛盾的谎言很难持久，因为经济发展的现实很快会戳破虚假的谎言。所以，尽管民粹主义存在于西方各国，但严酷的现实在一定程度上会抑制其泛滥。

不过希腊是一个异数。希腊的政客为了使竞选的谎言能够持续，不断用财政赤字和发行国债的方式制造虚假繁荣。而这种饮鸩止渴方式制造出的经济泡沫，由于加入了欧元区得以延迟，最终累积成今天的巨额债务危机。

事实上，在2001年希腊加入欧元区时，财政赤字与债务已经非常严重，根本不具备加入欧元区的资格。但是为了加入欧元区而继续维持虚假的繁荣，希腊政府竟然给欧盟提供了虚假的财政赤字与公共债务的数据，从而混进了欧元区。这个虚假数据 直到2009年才被迫公开。

令人震惊的是，当经济泡沫破灭而陷入债务危机时，希腊的政客们不痛定思痛，不对国家经济与政治进行彻底改革，而是再度祭起民主的大旗，要用民主的华丽口号解决现实中的困难。

对于普通希腊人来说，一方面希望能够得到欧元区国家的援助，但同时又不愿意接受欧元区债权人的苛刻条件。尽管这两种要求自相矛盾，但作为普通选民来说，有这种矛盾要求也无可厚非，关键是政府的决策。希腊困局的严重性在于，政客们不断以民主的名义忽悠社会大众。2015年1月，激进左翼联盟党领导人亚历克西斯·齐普拉斯为了获得选民的支持，不断开出根本做不到的空头支票："结束希腊人持续5年的羞辱和痛苦"，"让欧盟、欧洲央行及国际货币基金组织组成的'三驾马车'成为过去"。齐普拉斯许诺选民，希腊既要留在欧元区，又要将其背负的3180亿欧元巨额债务减记50%。

在欧盟三重峰会讨论希腊债务危机前，齐普拉斯隔空对欧盟进行民主喊话:“民主选择一直是欧洲传统的核心所在”,并在7月5日举行了是否接受“三驾马车”援助方案的全国公投。齐普拉斯公开在雅典的投票站投下反对票,呼吁民众以民主的名义对欧盟的救助方案协议草案说“不”,扬言“希腊不退出欧盟或欧元区,我们要的是民主欧洲”。希腊国防部部长卡门诺斯把这场公投称之为一场“民主的战争”。公投否定欧盟的援助方案后,齐普拉斯欢呼胜利:“今天,我们庆祝民主的胜利。”

但是,齐普拉斯和议员们的内心很清楚,他们口中的民主其实是个忽悠大众的口号,在现实中根本不能对抗资本的逻辑。就在希腊公投的“民主胜利”后的几天,齐普拉斯拿起一份对希腊更为苛刻的文件跑到布鲁塞尔参加会议,并最终接受了欧元区各国领导人提出的援助方案。对于齐普拉斯当局的投降,马耳他总理约瑟夫·穆斯卡特评价道:“希腊政府实际上接受了一切条件,接受了所有关键的要点。”希腊政府在布鲁塞尔的屈辱退让让世人看到,7月5日“民主的公投”更像是一出闹剧,只是让沮丧了这么多年的希腊人民体验了几天“民主的胜利”,齐普拉斯向世界显示一下他的支持率。

齐普拉斯对欧盟的隔空“民主喊话”为什么不能发挥作用?为什么民主的原则无法叫“三驾马车”退让半步?国际货币基金总裁拉加德有一句话讲得再清楚不过了:“全球金融制度不能为了希腊就扭曲其规矩”。全球金融制度就是金融资本的制度。当民主的逻辑遭遇资本的逻辑,资本的逻辑决不能退让,这是由西方社会的本质所决定的。资本主义社会这个概念并非虚名,而是表明资本居于统治社会的最高端。在这个社会中,民主当然有一定的位置,但民主并不能僭越资本的地位。

纵观整个西方社会,民主只是一种政治活动中遵循的原则,而非在经济活动中遵循的原则。严格说来,西方民主以政治程序民主化为特征,具体表现为多党自由竞争、公民普遍选举、政府以民众代表的身份实施立法权和行政权,而公投则是这种民主制度最极端的一种形式。无论民主采取何种形式,都有着明确的边界,这个边界就是政治的边界。当民主超出了政治的边界,就会受到资本的抵抗和制约。

在资本占统治地位的社会,一个公司如果因为无法偿还债务而与债权人发生冲突,这种冲突只能按照维护资本权益的法律解决,而不能通过债务人公司内部的民主表决解决。同理,在一个资本主义的经济体系中,当一个国家陷入债务危机,也只能通过资本运行的逻辑解决,而不能通过债务国的民主表决解决。从这个意义上说，希腊政府以高喊民主口号的方式解决当前的危机，其实是忽悠普通民众的一场政治表演，其目的是为了让世界看到这个政府还有民众支持，而不是要解决民众的困苦问题。

不过，指出西方的民主逻辑与资本逻辑在本质上存在着冲突，并不等于断言欧元区的领导人将来不会在希腊债务问题上让步。在笔者看来，欧元区国家在未来仍有很大可能作出一定让步，只是这种让步不会是基于民主的逻辑，而是基于资本的逻辑。德国 ARD 电视台在 7 月初的调查结果显示，68% 的德国民众反对对希腊实行债务减免；61% 的民众表示，如果违约，希腊应退出欧元区。同一时间的另一项德国民调则显示，四分之三的德国人表示，就算希腊会退出欧元区，也拒绝德国政府对希腊让步。这就是说，如果按照民主的逻辑，希腊最大的债权国德国绝不会同意减记希腊债务。但是，德国下一步是否同意减记希腊债务，并不取决于民主的逻辑，而是取决于资本的计算。

过去一百年的历史显示，国家主权债务减记或减免并非个别现象，而是有相当多的案例。其中，美国在 1989 年提出的《布雷迪计划》最为著名。这个计划包括的债务国家多达 19 个，平均减记债务 36%。即使现在坚决反对减记希腊债务的德国，也曾于 1953 年得到过战胜国给予的 50% 的债务减记。但是，在历史上发生的所有债务减记或减免都是基于资本的逻辑而非民主的逻辑。道理很简单，当债务国接近破产而无法偿还债务时，无论债权国是否采取减免债务的行动都无法立即收回债务。在这种情况下，债权国与其杀鸡取卵，逼垮债务国，不如减记或减免债务，让债务国喘过一口气而慢慢复苏，最终再从债务国身上获得更多的利益。这种做法跟中国古人讲的“将欲取之，必先予之”的道理类似，是一种利己的算计，而非利他的施舍。

希腊债务困局的解决是一个漫长的过程。在这个过程中，希腊与欧元区各国会依照资本的逻辑进行博弈。博弈的最终结果如何？谁会得到更多利益？现在难以断言。不过有一点可以肯定，无论希腊债务困局最终如何解决，都与民主的逻辑无关。

延伸阅读 | Extended Readings

希腊危机真正的冲击波是什么？

夏蕊蕊

核心提示

西方各国的福利制度，并非单纯的国内社会经济政策，而是一种世界战略，高度依赖于西方的全球统治地位和跨国剥削。希腊发生债务危机，并不是因为这个国家的人民懒惰，而是因为它没有足够的跨国剥削渠道，更无力向海外转嫁危机。当整个西方集团的世界地位下滑、全球竞争力下降之后，水落船沉，希腊这只最小的舢板，就直接触礁了。

在希腊同欧洲几大机构贴身肉搏期间，指责希腊人生性懒惰、举债为生的言论甚嚣尘上。尽管已有指标统计显示，希腊“全世界最懒”的名声并无事实根据，但人们并不相信，而谁继续懒惰下去谁就是下一个希腊，已成流行信条。近日，美国共和党、民主党两大候选人——杰布·布什和希拉里·克林顿在推特上就美国工人是否懒惰展开了辩论。杰布·布什抛出了“美国工人应当延长工作时间来增加家庭收入”的观点，并且@了希拉里。

在减少雇员工作时间才是政治正确的时代，杰布·布什的此番言论引爆了热点。周一早上，希拉里抓住机会反击，在发表经济政策演说时，将提高中产阶级收入薪资列为主要经济政见。演说中，希拉里呼吁企业与员工分享更多利润，增加员工实得工资。尽管事后杰布·布什辩解说，他是希望兼职工作者找到全职工作，但希拉里仍然回应表示，“他们（指美国人）不需要演说，需要的是加薪”，更是痛批杰布的言论并未涉及美国更多“真正的劳工”。

夏蕊蕊
观察者网
专栏作家

克林顿2.0痛批布什3.0不接地气，不懂劳工，总觉得哪里怪怪的。不过既然美国两大总统候选人都关心劳动人民勤劳与否，就有必要详查一下哪些国家的劳动人民最勤劳。

美国媒体引用了OECD（经济合作与发展组织）的最新数据：拉丁美洲第二大经济体墨西哥，其工人平均每年工作2228小时，即平均每周43小时，是世界上工作时间最长的国度。韩国是紧随墨西哥之后的第二勤劳国家。2013年，韩国工人平均每周工作约42小时。而在债务危机中，被描述成工资过高、懒于工作、退休提前的希腊人，其实是欧洲国家中工作时间最长的——在2014年，每周工作约39小时。“欧洲战场”上，希腊危机中的主要谈判对手德国，是世界上工作时间最短的国家，德国工人每周花在工作上的时间只有26小时。

在OECD的这项工作时长的数据排名中，美国位列第16位。2013年美国人花了1788小时在工作上，2014年则为1789小时，看上去还不错，不过这样的成绩仅仅略高于这项数据的平均值1770小时。

对于美国来说，希腊人懒勤与否其实与已无关，重要的是，希腊危机引发了一场针对国家福利制度反思的冲击波。敏锐的美国人已经感受到了冲击，并开始讨论“懒惰”的后果。西方社会实行福利制度的前提条件，到底是源于制度带来的综合竞争力，还是源于殖民主义的掠夺性积累，成了一个无法回避的问题。在希腊成为第一个跌下福利制度温床的西方国家之后，美国人隐约感到了不安，长期以来的制度优越感开始慢慢消散。

按照主流世界史观，源于英国的“工业革命”是推动整个世界加速发展的关键节点。但也有人指出，西方的机器隆隆作响之际，在东亚同样进行着一场革命。借着人口密集的特点，在相对廉价但极为熟练的劳动力、相对小规模的但劳动密集型产业中，东亚民族在客观条件的制约下，坚持着勤劳致富的理念。

例如，日本学者杉原薰的“勤劳革命”理论。杉原薰在他1996年出版的一本著作中率先采用了“勤劳革命”这个概念。而进一步将中国、日本的“勤劳革命”与英国“工业革命”进行对照分析的，则是他的另外一本著作《日本、中国与亚洲国际经济，1850－1949》。诚然，东亚“勤劳革命”的产生有着相当深刻的历史原因，发展过程也并非线性进步的过程，但东亚的道路不失为一个有意义的参照。回顾来看，西方的国家福利制度，自“二战”结束至今实行了七十多年，其他暂且不论，至少是错过了“勤劳革命”。

当希腊冲击波来袭，当债务危机冲破了金融问题框架直逼福利国家的制度弊病，所有西方国家都不得不开始反思，到底是什么力量在推动着它们排队走向悬崖。

归根结底，西方各国的国家福利制度，并非单纯的国内社会经济政策，而是一种世界战略，高度依赖于西方的全球统治地位和跨国剥削。为什么在雇员工作时间上希腊远比德国长得多，反而深陷债务泥坑无力自拔？为什么美国人和德国人并不很勤劳，却可以逃避债务，甚至可以转嫁危机？根源显然要从西方各国各自的跨国剥削能力大小和水平高低上来探究。

希腊首先退出福利国家俱乐部，不过是因为它没有足够的跨国剥削渠道，更无力向海外转嫁危机。当整个西方集团的世界地位下滑、全球竞争力下降之后，水落船沉，它这只最小的舢板，就直接触礁了。

五年前，希腊危机初露端倪之际，有美国媒体讽刺说，希腊人就像一个亿万富翁那样消费，但实际上他们连百万富翁都算不上。其实，这个讥讽正可以用在整个西方集团身上。

开始担心懒惰致死，这是大梦初醒的表现。不只美国，7 月 8 日，英国公布保守党单独执政以来的首个预算案。奥斯本宣布，将在 2018 年前削减财政赤字 370 亿英镑，其中 120 亿英镑来自削减福利支出。此举的目的是要革除福利弊端，矫正长期以来的“福利依赖症”。

然而，过惯了富日子的民众不以为然。近日，伦敦、利物浦、格拉斯哥等地均爆发了大规模的反紧缩游行示威活动，其中伦敦的抗议活动就有约 7.5 万人参加。有英国媒体指出，如果处置不当，削减福利开支可能会成为社会不稳定因素。

由俭入奢易，由奢入俭难。太阳底下并无新鲜事。

希腊债务危机的文化根源

周江林

核心提示

犬儒主义、斯多葛主义、伊壁鸠鲁学派……这些令人似懂非懂的哲学名词，居然可以用来解释希腊债务危机的文化根源。今天的希腊债务危机的出现，或多或少可以从希腊化时期的哲学中找到征兆。也许正是这些历史根源塑造的希腊社会规范，使其很难随着市场的政策一起改变，从而半推半就地走到了危机边缘。

惊人相似的是：2015 年处在债务危机中的希腊人与 2000 多年前的古希腊人一样，在一个社会架构濒临瓦解之时，人们追求的是安宁，半推半就往前走，而不是积极变革。

一度，希腊人是安逸幸福的，国家给予国民各种福利待遇，如从小学至大学的全民免费公共教育，公务员享有的名目繁多的各种补贴。希腊债务危机，源于 2009 年 12 月希腊政府公布政府财政赤字，而后全球三大信用评级机构相继调低希腊主权信用评级，从而揭开希腊债务危机的序幕。中国古人有言“由俭入奢易，由奢入俭难”，而今，这个曾经的文明古国正濒临崩溃的边缘——失业率高达 25%，40% 的儿童生活在贫困中。如果考虑通货膨胀和税收问题，希腊富裕阶层的收入水平回到了 1985 年，而穷人更是回到了 1980 年。

英国哲学家罗素准确把握了古希腊与希腊化时代之间在精神气质上的巨大差异。如果说古希腊的哲学家们对人生抱持着无畏的欢愉态度，那么希腊化时代弥漫的则是普遍的悲观主义和不安全感。这种不安和悲观贯穿整个希腊化时代，甚至可以认为，整个希腊化时代的哲学都是逃避

周江林
诗人、《空中生活》主编

的哲学。同样，这些带着消极因素的世界观像带毒素的刺一样时不时地扎希腊民众一下。

形成债务危机有多方面原因，但我认为，在此背后有着比政府和经济结构问题更深层的文化方面的成因。也许正是这些历史根源塑造的希腊社会规范，使其很难随着市场的政策一起改变。

犬儒主义的演变

自古，希腊人有一种自然主义情怀（这一点上，同接受道家影响的中国人有类似之处），自然主义跟人为是相对的。希腊人喜欢自然，和人为构成对立。至今，他们也并非喜欢摩天大楼等建筑（而当下，所谓接受现代化的中国人却越来越迷恋美国式和罗马式的城市化观念）。

自然主义回到希腊先贤那里，即是犬儒主义，奠基人是比柏拉图大20岁的安提斯泰尼。年轻时他曾参军作战，先是智者高尔吉亚的学生，之后一直跟随苏格拉底学习，亲见苏格拉底饮鸩而死。老年后，他摒弃了从前所重视的东西。除了纯朴的善良之外，他不要任何东西。他露天讲演，认为一切精致的哲学毫无价值，信仰“返于自然”，主张不要政府，不要私有财产，不要婚姻，不要确定的宗教。

决心像狗一样生活，使狄奥根尼赢得了“犬儒”的称号。他住在一个旧木桶里，财产只有一件斗篷、一根棍子、一个面包袋。一次亚历山大大帝访问他，问他需要什么，狄奥根尼答道：“我希望你闪到旁边，让我可以晒到太阳。”

其实回到今天我们要谈论的希腊人，犬儒主义已经变质。古代犬儒是“隐士”式的人物，他们特立独行、与众不同；现代犬儒是社会大众，犬儒心态和情绪渗透在他们的日常思维、行为和话语之中，随时都在与社会生活的方方面面结合、交融和变化。因此，呈现在债务危机这样特定环境里的，那种犬儒主义的情绪特征是烦、累、厌倦、沮丧和无聊。

曾对政治有期望的希腊人

在古希腊，个人与国家的关系经历了两个阶段。在城邦时代，个人（主要指作为公民的个人）与国家（城邦）几乎是融为一体的，个人是国家有机体的一个组成部分，而国家则是公民生活围绕的中心，城邦兴衰与个人利益是紧密联系在一起的。因此，城邦时代的哲学家，如柏拉图、亚里士多德等人均视个人为城邦国家的一部分。在国家之外独立存在的个人——这种观念是城邦时代的希腊人从来都不曾有过的。

在城邦解体后的希腊化时代，个人与国家之间紧密而融洽的关系也随之终结。希腊人不得不学会过单独的生活，而且还得学会在一种新的社会联合体的形式下，即庞大帝国的形式下生活在一起。尤其是政治上的独裁专制，将一般民众统统排除在政治生活之外。因此，个人与国家的关系日益疏离。

当下的希腊人显然对他们的政府以及制度失去了信心和希望。这也是从对政治、公共人物的幻灭开始的。他们认为，在真实的生活里，良心不过是人类虚妄的迷思梦想，只有彻底受金钱和权力支配的贪婪和自私才是人性真实的本质。

斯多葛主义色彩

公元前 3 世纪，希腊城邦制度解体后，芝诺创立了斯多葛派，成为希腊化时代最具影响力的哲学学派。它吸收了犬儒主义最好的东西，成为更圆通的哲学。作为一种教义，它赢得了比柏拉图和苏格拉底学说更多的信徒。今天，斯多葛主义几乎等于克制和坚忍的同名词，追求的是消除激情和欲望，过冷静而达观的生活。这些自然主义者认为，一个人的牵挂越少，那么他受到的伤害或打击就会越小。而世界变得如此不好，就让我们学会遗世而独立吧。

2000 多年后，美国人梭罗也坚持斯多葛主义主张，提倡回归本心、亲近自然。1845 年 7 月 4 日，梭罗来到了瓦尔登湖畔的次生林里，尝试过一种简单的生活。于是，伟大的《瓦尔登湖》于 1854 年问世。

希腊人深受斯多葛主义影响，并不认同中央政府政治。伯里克利时代，雅典和其他希腊城市结成提洛同盟。就因为雅典控制同盟，迫使其他城邦为其缴税，导致了伯罗奔尼撒战争。最终，于公元前 404 年，雅典被打败。

今天，虽然 4 个希腊人里就有一个是公务员，直接依赖政府获得收入，但他们认为中央政府是浪费和腐败的。这种缺乏对政府的忠诚甚至也延伸到对欧盟的态度。希腊人高兴地接受欧盟的补贴，但憎恨欧盟干预他们的生活。

伊壁鸠鲁学派：世俗生活的继承者

今天来看，经后人曲解的伊壁鸠鲁的享乐主义很大程度上是一剂毒药。享乐主义通常与个人主义、拜金主义等挂钩，其实质为狭义的享乐主义，即极端享乐主义。

伊壁鸠鲁学说的中心目标就是要达到一种不受干扰的安宁状态，提倡寻求快乐。心灵的快乐就是对肉体快乐的观赏。伊壁鸠鲁学派的影响延续了4个世纪，广泛传播于希腊—罗马世界。伊壁鸠鲁一生病痛不断，但他锻炼自己忍受这一切，追求快乐人生。

尽管伊壁鸠鲁派生活简朴而又节制，但人们经欲望的推动，体验到一种积极的快乐。目标一旦达到，在没有任何进一步欲望的情况下，消极的快乐就实现了。它是酒足饭饱之后的一种神气活现的状态。

同样的警觉者有伦敦市市长鲍里斯·约翰逊，他在《每日电讯报》上谈道："如果希腊人能够改变他们的国民性，突然发现北欧人对政府的信念和德国人的勤劳与节俭，那么灾难可以被扭转。"

也许看起来是这样：以上种种历史根源塑造了希腊民众的个人心理，影响了社会规范，他们已经很难随着市场的规律一起改变。

名家观点 | Experts' Viewpoints

鞠维伟　中国社会科学院欧洲研究所博士后

必须解决财政紧缩与民意之间的基本矛盾

希腊债务危机问题是长期各种因素积累的结果，不是一朝一夕就能够处理好的。希腊政府在债务危机中一直处在紧缩财政、减少公共支出与希腊人民强烈反对削减工资、社会福利情绪的夹缝中。其实包括希腊政治精英在内的欧盟高层都认识到，紧缩财政，使其社会福利和公共支出与希腊的经济发展水平达到相符合的程度，是解决危机的必然途径。虽然，希腊此前的政府确实按照欧盟以及相关债权国的要求实施了紧缩的财政，却引起了希腊民众的大规模反对抗议的浪潮。财政紧缩与民意之间的基本矛盾不能解决的话，希腊债务危机的结束就看来遥遥无期了。

章　玥　观察者网专栏作家

借全民公投走集体毁约赖账道路无法拯救危机

民主平等的原则听起来很美，为什么不让它成为经济以及社会各个层面的指导理念？其中原因，当然很复杂。其中有一点恐怕很重要，就是我们至今还找不到有效的办法，解决民主原则进入经济领域后，其内含的平等主义对经济效率的巨大抑制作用，或者短视的民粹主义与经济长远利益的内在冲突。

希腊债务问题根本上是一个经济问题，其最终的解决方案，也只有正本清源，勒紧裤腰带，将失衡的国民经济体系扭转过来，致力于做大做强社会财富的总盘子。但希腊却在债务危机来临时，依然陷于恶性循环，借助政府轮换的民主机制，行不断逃避责任之实，退无可退之时又煽动民粹情绪，借助全民公投走集体毁约赖账的道路。

然而，公投能救得了希腊经济吗？在历史发展和现实实践中，民主所能承担的功能是有限的。自豪于“民主摇篮”称号的希腊人，该醒醒了。

李 伟 长江商学院经济学教授

希腊债务危机警示中国：不要沉迷短期的财富杠杆

在中国经济进入“新常态”的今天，结构性矛盾日益凸显。一方面，劳动力成本和资产价格的迅速上升削弱了中国实体经济的竞争力；另一方面，高企的地方政府债务也给经济发展带来了潜在的威胁。希腊债务危机提醒我们，只有深化改革，直面矛盾，及时进行经济结构调整，才能引领中国经济迈向中高速发展的新前路。

希腊痛苦的今天对中国有些什么警示？只要是市场，就必然会有波动，而波动就意味着风险。在波动较大的国际市场中，只有不断提升本国的核心竞争力，通过提高劳动生产率改善人民的生活，而不是一味地诉诸再分配和高福利政策或者沉迷于短暂的财富杠杆效应，才是一个国家实现可持续发展的关键。

希腊债务危机经历了戏剧性的转变，从公投的否决到左派总理的迅速转向，救援协议牵动全球神经。2008 年金融危机至今，希腊实际 GDP 下滑 25%，失业率迅速攀升，财政紧缩，政治动荡。债务危机为何持续数年仍然找不到解决方案？主要缘于希腊更深层次的经济结构失衡。希腊只有经历艰难的经济结构调整，才能真正走出困局。

出版说明

在改革再一次激荡中国的时候，经济学家厉以宁、艾丰、石军，主编推出荟萃当代睿智者思想精华的系列图书《时论中国》，试图用沉淀的思想连接现实与未来，找到发展与变革的通道。它所依托的艾丰经济发展研究院，不仅是中国首家以个人名字命名的民间智库，更是当代专家学者、青年才俊思想碰撞的广阔舞台。

面对纷繁喧哗的世界，各种新思想、新观点、新理念如“雨后春笋”般破土而出。选择一本真实而全面、客观且系统的图书，客观剖析中国未来发展显得尤为重要。《时论中国》提供的正是这样一种可能。本书汇集了当今中国最活跃的专家学者的思想精华，评析最新发生的各种事物，为中国留下一份有深度的思想印记，为我们打开一扇观察当今中国的窗口。

《时论中国》所做到的，就是为关注中国改革命运的社会大众，提供这些睿智学者潜心研究的思想智慧，给浮躁社会构筑理性思考的框架，为转型中国再出发的理论创新和实践创新埋下基石。

在最新一期《时论中国》付梓出版时，尚有个别篇目的作者因故未能及时取得联系，恳请相关作者阅读此书时与我们联系（010－62382916），谨致谢意。

图书在版编目（CIP）数据

时论中国07 / 厉以宁，艾丰，石军主编. —北京：中国工人出版社，2015.9
ISBN 978-7-5008-6252-9

Ⅰ. ①时… Ⅱ. ①厉…②艾…③石… Ⅲ. ①时事评论—中国—文集
Ⅳ. ①D609.9-53

中国版本图书馆CIP数据核字（2015）第229317号

时论中国07

出版人	芮宗金
责任编辑	石钰艳　王东伟
责任校对	赵贵芬
责任印制	栾征宇
出版发行	中国工人出版社
地址	北京市东城区鼓楼外大街45号　邮编：100120
网址	http://www.wp-china.com
电话	（010）62350006（总编室）　（010）62005039（出版物流部） （010）62382916（职工教育分社）
发行热线	（010）62005996　（010）82075964（传真）
经销	各地书店
印刷	北京睿特印刷厂
开本	710毫米×1000毫米　1/16
印张	16
字数	220千字
版次	2015年10月第1版　2015年10月第1次印刷
定价	32.00元